Lk ^{8} 600

DOCUMENTS

RELATIFS A LA

POSITION DE MONSEIGNEUR DUPUCH,

ancien et premier évêque d'Alger.

DOCUMENTS

RELATIFS A LA

POSITION DE MONSEIGNEUR DUPUCH,

Ancien et premier Évêque d'Alger.

BORDEAUX,

HENRY FAYE, IMPRIMEUR DE L'ARCHEVÉCHÉ,

rue Sainte-Catherine, 139.

1851

MANIFESTATION

ET DÉCLARATION

DU CLERGÉ DE L'ALGÉRIE

EN FAVEUR

DE SON PREMIER ET ANCIEN ÉVÊQUE.

On ne peut se faire aujourd'hui une idée exacte des difficultés de tout genre que présentait à son origine l'organisation du diocèse d'Alger.

Deux cents lieues de côtes étaient déjà soumises à la domination française, et habitées sur plusieurs points par des populations catholiques; des populations nouvelles suivaient pas à pas nos armées victorieuses et s'établissaient partout où la présence de nos soldats leur assurait quelque sécurité; les villages et les camps se multipliaient, et avec eux de nombreux et immenses besoins que la religion et la charité étaient naturellement appelées à soulager et à satisfaire. Or, pour faire face à des nécessités si pressantes, il n'y avait à Alger qu'un évêque et quelques prêtres qui l'avaient accompagné dans sa glorieuse et pénible mission: administration, paroisses, églises, presbytères, aumôneries d'hôpitaux, séminaires, maisons de charité ou de refuge pour les orphelins, tout était à créer, à fonder, à doter, à entretenir, et cela sur une vaste étendue de pays, rendue plus vaste encore par l'énorme difficulté et le danger des communications.

Mais il existait une telle disproportion entre ces immenses et impérieux besoins et les modiques ressources de Mgr l'Evêque d'Alger, qu'il se vit bientôt réduit à la cruelle alternative, ou de fermer l'oreille aux cris de détresse et aux demandes incessantes qui lui arrivaient de tous les points de cet étrange diocèse qui confinait à Tunis et au Maroc, ou de livrer son cœur de pontife et de père aux inspirations de cette charité ardente qui, sans calculer les ressources, vole à la rencontre et au soulagement de tous les besoins. Il suffit d'avoir connu Mgr Dupuch pour comprendre qu'il n'hésita pas un instant, comme il suffit de connaître le peu de ressources mises à sa disposition pour comprendre qu'il dut nécessairement succomber à l'œuvre.

Aucun sacrifice, aucune dépense, aucune fatigue, aucune contradiction ne purent arrêter ni même ralentir son zèle; et lorsqu'après sept années de travaux vraiment apostoliques, il quitta son cher diocèse, n'emportant avec lui que le vêtement qui le couvrait, si quelque chose dut étonner ceux qui l'avaient suivi dans cette brûlante carrière, ce furent moins les charges qui pesaient sur son administration financière, que les établissemens de tout genre, les fondations utiles et nombreuses, et les œuvres pleines d'avenir qu'il laissait après lui.

Le zèle, l'activité, l'intelligence de son vénérable successeur ont assuré, affermi, augmenté ces œuvres si importantes aux yeux de la religion et de la charité: ce petit séminaire qui coûta à Mgr Dupuch des sacrifices inouïs et toujours stériles, Mgr Pavy l'a heureusement fondé et le voit prospérer sous son œil vigilant; les maisons de charité s'étendent avec les besoins, les paroisses se multiplient, et le grand séminaire leur envoie des pasteurs; mais si le cœur de notre prélat se réjouit à la vue de ce vaste diocèse qui commence à fleurir dans le désert, il se plaît à reconnaître et à proclamer hautement que le gouvernement et la Propagation de la Foi ont largement secondé son zèle ; et que sans leur concours, sans les ressources considérables dont ils ont doté et doteront longtemps encore l'immense héritage confié à ses soins, sa charité active et intelligente serait bientôt frappée d'impuissance, et sa prévoyante administration condamnée à des efforts stériles, ou inévitablement conduite à une catastrophe.

Ce rapide exposé que nous venons de tracer est un hommage éclatant que nous aimons à rendre à la vérité, et si nous élevons aujourd'hui la voix, c'est pour conjurer le gouvernement et le conseil de la Propagation de la Foi de délier enfin le premier évêque d'Alger d'engagemens qui ne peuvent pas être les siens, et de rendre ainsi à l'Église de Dieu un pontife dont le zèle, la charité, l'énergie et les lumières peuvent encore lui être si utiles. C'est à son insu, c'est spontanément, c'est par amour de la vérité, c'est au tendre souvenir de tout ce que nous avons vu et connu d'admirable et de bon dans ce pieux évêque autrefois notre père, que nous signons cette déclaration, comme un gage anticipé de la justice qui

lui sera enfin rendue, et que l'histoire ne lui refusera point.

*(Suivent les signatures de tous les membres du clergé de l'Algérie,
confirmées et corroborées par ces quelques lignes du digne successeur de Mgr Dupuch) :*

« Alger, le 14 juillet 1850.

» Je joins avec le plus grand bonheur mon entière adhésion à
» ce vœu manifesté spontanément par mon clergé. J'ai lieu d'es-
» pérer que le gouvernement et le conseil de la Propagation de
» la Foi prendront en considération une demande également
» fondée sur la justice et sur la reconnaissance. Mon vénérable
» prédécesseur a couvert de ses sueurs et consacré par ses an-
» goisses les champs nouvellement chrétiens de l'Algérie. Ce
» serait pour mon cœur épiscopal une joie sans pareille que celle
» de son entière réhabilitation par la délivrance des engagements
» qu'il a contractés au service de cette Église.

« Nul ne peut apprécier au même degré que son successeur
» les énormes dépenses qu'il a dû faire pour entamer le premier
» les défrichements du sol que je cultive encore aujourd'hui avec
« tant de difficultés.

« Je délègue auprès du gouvernement et du conseil de la Pro-
» pagation de la Foi, M. le chanoine Montera, afin de poursuivre
» les démarches à faire dans cet intérêt, et je fais des vœux
» bien ardents pour leur prompt et entier succès. »

Signé : Louis-Antoine AUGUSTIN,
Évêque d'Alger.

———

Cette émouvante manifestation, communiquée
par Monsieur le chanoine Montera, en sa qualité, à la presque universalité de l'épiscopat
français, n'a pas tardé à être encouragée, chau-

dement appuyée, et successivement signée par tous ces vénérables personnages, les autres y ayant adhéré avec le même empressement.

Au moment où elle va être enfin exposée au gouvernement français, et subsidiairement à l'association pour la Propagation de la Foi; avant même que l'infatigable mandataire du clergé d'Afrique soit revenu du voyage par lequel il s'est senti inspiré de couronner tant de courses et de fatigues diverses, heureusement terminées en quelques mois à peine, certains hommes, haut placés dans l'Église et dans l'État, ont paru souhaiter que l'administration épiscopale financière de Mgr Dupuch fût décidément bien connue jusque dans ses plus intimes détails, et sa situation exceptionnelle nettement et complétement établie.

Ce désir avait été pressenti et prévenu; et, malgré l'intervalle écoulé depuis son départ de l'Algérie, davantage encore malgré ce qu'un semblable travail devait lui coûter d'émotions et de labeurs de toutes sortes, il l'avait lui-même résolument entrepris.

Aussi, est-ce avec une humble mais profonde confiance qu'il est joint ici, par M. l'abbé Montera, aux graves documents dont l'original est resté entre ses mains dévouées.

Ces notes, ces explications, non moins complètes que consciencieuses, suivront, accompagneront l'épiscopat de Mgr Dupuch, trop peu connu en effet sous ce rapport, depuis le jour de son arrivée en Afrique, 31 décembre 1838, jusqu'à l'heure fatale de son départ, 22 juillet 1846.

Il vaut mieux les transcrire dans leur simplicité assez expressive, que d'essayer d'en donner d'avance une idée nécessairement imparfaite. Il semble inutile d'ailleurs d'insister auparavant sur la grandeur, sur la difficulté d'une telle mission, sur les résultats immenses qu'elle pouvait, qu'elle devait avoir, et dont, à sa descente sur ces rivages célèbres, chacun semblait saluer les prémices.

Ah! dans quels sentimens, avec quelles palpitations de cœur, avait-il traversé la Méditerranée, en 1838, pour la première fois!.... dans quels autres sentimens, avec quelles autres palpitations, il la franchissait pour la dernière, en 1846!

Heureusement, il peut encore goûter, aux pieds de celui qui la laissa tomber de ses lèvres divines, cette parole profonde comme les abîmes; *quod ego facio, nescis modò, scies autem posteà.*

DOCUMENTS

RELATIFS A LA

POSITION DE MONSEIGNEUR DUPUCH,

ancien et premier évêque d'Alger.

—◆—

ANNÉE 1839.

———

La première dépense qui commença cette longue et douloureuse série, c'est ce qu'il fut obligé de payer, en cette même année, pour frais d'honoraires, de logement et d'entretien d'un certain nombre de ses plus utiles coopérateurs, connus et désignés sous le titre de *prêtres auxiliaires*.

7,000 fr., tel fut le chiffre de cette dépense complète. Il est facile d'en justifier la nécessité et la modération.

Et, dans le vrai, à cette époque, soit pour l'hôpital

cîvil d'Alger, soit pour les hôpitaux militaires du Dey,
de la Salpétrière, de Mustapha, de Douëra, de Bougie,
de Bône, de Constantine, de Philippeville, d'Oran, tous
d'une importance incontestée, soit pour le service religieux des prisons, des pénitenciers, des ateliers de con-
damnés; soit pour le collége, les séminaires naissants,
les divers établissements nouvellement foudés par l'É-
vêque, en descendant du navire qui l'avait apporté, il
n'y avait encore ni aumôniers, ni ouvriers apostoliques quelconques, rétribués par l'État, pas même un
seul.

Car les quatre prêtres auxiliaires salariés par le Gouvernement, et dont chacun recevait 1,800 fr. de traitement, étaient employés, en ce même temps, à suppléer les vicaires, les desservants, non encore institués
en nombre suffisant dans certaines localités qu'il n'était
plus permis, après l'érection solennelle de l'évêché, de
laisser plus longtemps et absolument sans secours spirituels d'aucune sorte, ou à visiter les autres, à les aider dans l'exercice d'un ministère auquel plusieurs n'eussent pu suffire seuls et sans ce précieux concours.

Au moment du retour de Mgr Dupuch en Europe, le
Gouvernement accorda, et il fit bien, au Diocèse d'Alger
et à l'administration laborieuse de son successeur, non
plus quatre ou même trois, mais bien douze auxiliaires
de ce genre, avec 1,800 fr. de traitement fixe pour chacun, et 3,000 en tout pour indemnité de logement.

Pendant les deux dernières années de l'administration
non moins difficile de Mgr Dupuch, ce même Gouverne-

ment avait cru devoir, au contraire, sans en articuler d'ailleurs aucun motif, réduire à trois seulement ce nombre de quatre prêtres auxiliaires toujours si manifestement insuffisant, et qui n'avait jamais été augmenté auparavant.

·Assurément, durant ces premières années surtout de la mission publique imposée au fondateur du diocèse d'Alger par les pouvoirs même de l'État, douze de ces dévoués auxiliaires n'eussent pas été moins nécessaires à son épiscopat, que les douze heureusement accordés au nouvel évêque ne peuvent l'être au sien.

Il n'y avait alors, en effet, il faut bien le faire remarquer encore, dans ce diocèse improvisé, aucun, absolument aucun aumônier ou desservant d'établissements hospistaliers; cependant ce service, sacré à tant de titres, celui des camps principaux, celui des colonnes expéditionnaires quand il fut parfois toléré, celui des bâtiments-hôpitaux destinés à transporter en France une multitude de soldats malades, celui du collége, des maisons d'orphelins et d'orphelines, n'étaient-ils pas la conséquence inévitable, rigoureuse, de la nomination, de l'envoi, du ministère de Mgr Dupuch?

Le nombre des centres de populations chrétiennes était, il est vrai, bien moins considérable alors qu'il ne dût le devenir depuis peu à peu; mais, par contre, chacun d'eux n'était pas pourvu d'un desservant, ainsi qu'ils le sont tous aujourd'hui; la population militaire avait dépassé les calculs les plus exagérés; le pays n'était pas assaini dans une foule de localités; nulle, même parmi les plus importantes, à l'exception d'Alger, qui n'en avait qu'un, nulle n'avait de vicaires reconnus; enfin, l'évêque n'avait auprès de lui et pour lui venir en aide, ni secrétaire, ni autant de collaborateurs personnels salariés.

Certes, qui trouverait, après ce résumé de la situation de Mgr Dupuch, sous ce grave et fondamental rapport, les 7,000 fr. consacrés à pareil emploi, ou trop peu motivés, ou trop peu modérés?

————

Le deuxième article des dépenses extraordinaires du premier évêque d'Alger, en 1839, se monta, d'après des notes dignes de confiance, à la somme totale de 6,000 fr., sous le titre de frais supplémentaires de l'évêché.

Il recevait 12,000 fr. de traitement proprement dit, et 3,000 fr. de plus pour indemnités de voyages, de visites pastorales, de frais de bureaux, de représentation.

Mais évidemment ce n'était pas assez en Algérie, dans ces commencements surtout; à cette époque, tout y était, en effet, hors de proportion avec les prix de France.

Ainsi, les salaires seuls de ses domestiques, aux conditions établies pour sa position sociale et sa qualité de haut fonctionnaire de la colonie, ne s'élevaient pas à moins de 4,200 fr. par an.

Il n'en avait pourtant que le nombre absolument nécessaire; savoir : un portier, un cuisinier, un valet de chambre, et celui qui, avec le surplus du service de l'évêché, était chargé des chevaux, etc.; les trois premiers lui coûtaient 500 fr. de gages pour chacun; ce dernier 620 fr. avec une gratification particulière convenue.

Il ne jouissait pas, lui, de la faculté d'avoir à sa disposition ou des soldats ou des marins pour serviteurs et pour plantons, ou des indigènes attachés à son administration.

Dans ses voyages, dans ses longues et fréquentes courses, il n'avait ni rations de vivres, ni rations de fourrages; il ne lui était pas permis de faire atteler des chevaux du Gouvernement à son modeste équipage; parfois, sans doute, certains commandants supérieurs lui vinrent en aide pour ses montures et ses bagages; mais le plus souvent il fut contraint à payer de 20 à 25 fr. par jour pour loyer de chevaux et de bêtes de somme, sans y comprendre les frais de séjour, ni ceux de nourriture, ni les indemnités pour chevaux blessés ou morts en chemin, ce qui lui arriva; encore moins sa dépense personnelle et celle de ses compagnons les plus indispensables.

On ne peut guère se faire aujourd'hui une exacte idée de ces coûteux détails. Ainsi, pour 6 francs, moins encore même, on va facilement à Blidah et on en revient avant la fin du jour. Or, en 1840, au mois de novembre, Mgr Dupuch dut mettre trois jours et trois nuits pour y arriver, avec le convoi de guerre qui l'escortait, et cha-

cun des jours de l'allée, du séjour et du retour, il paya
20 fr. pour les deux chevaux de louage attelés tant bien
que mal à sa voiture.

Que de misères d'ailleurs et de besoins de toute sorte
à consoler, à soulager plus qu'avec le cœur, dans ces
visites pastorales!

Il ne lui avait point été attaché de secrétaire reconnu,
indemnisé par l'administration; il fallait donc y suppléer;
mais les dispenses accordées ordinairement par les
évêques et dont le produit ne laisse pas d'avoir une
certaine importance dans la métropole, n'étaient-elles
pas nécessairement presque toutes gratuites en Algérie
dans ce temps là?

Le peu de revenu qui en pouvait résulter n'était em-
ployé qu'à faciliter à de moins fortunés leur légitime
union; ce qui le lui fit enfin abandonner purement et
simplement, dans ce but essentiellement miséricordieux
et moral, à la Société de saint J.-F. Régis, en 1844 et
1845.

Il n'avait pas la franchise habituelle de sa correspondance; bien plus, et pendant un certain temps, il dût
payer, à un prix parfois exorbitant, le port des dépê-
ches ministérielles elles-mêmes. Il finit bien par obtenir la gratuité de cette correspondance officielle, dont
il n'avait attribué l'interruption qu'à quelque malen-
tendu des bureaux de la guerre, mais sans aucune indemnité pour le passé.

Or, que de lettres ne recevait-il point, et pour lui-
même et pour tant d'autres? Que de renseignements

chaque jour réclamés de lui, en sa qualité d'évêque d'Alger, par les familles inquiètes, éplorées, d'une foule de pauvres colons, de soldats morts à l'hôpital? renseignements touchants et sacrés, que seul, en effet, il leur pouvait donner.

Pour lui l'imprimerie du Gouvernement n'imprimait ni lettres pastorales, ni mandements, ni autres documents de cette nature. A Alger cependant on ne le faisait guère encore qu'à des conditions effrayantes. Il ne put pas même obtenir, en 1845, quoiqu'il eût offert de fournir le papier nécessaire, que cette imprimerie de l'État publiât son petit Catéchisme.

Il était obligé de recevoir, d'héberger, de loger, autant que faire se pouvait, tous les ecclésiastiques qui passaient ou séjournaient à Alger, surtout à certaines époques. En 1839, par exemple, à l'évêché, demeuraient et vivaient sept personnes et souvent davantage, dont la plupart ne payaient qu'une pension insuffisante, tandis que d'autres s'y trouvaient entièrement à sa charge; plus tard, le fardeau devint moins lourd, mais il fut toujours fort au-dessus de ce que recevait Mgr Dupuch; et pourtant quand il partit pour l'Algérie, il était pauvre, pauvre dans toute l'acception du mot: il ne lui appartiendrait pas d'en exposer les doux et sacrés motifs.

Au surplus, l'impossibilité pour qui que ce soit de suffire, avec 15,000 fr. seulement, aux exigences de toute nature, à l'ensemble des dépenses forcées d'un pareil évêché, a été enfin tellement comprise et appréciée par le Gouvernement lui-même, que, le jour du départ

douloureux du premier évêque d'Alger, il alloua immédiatement à son successeur, pour ces mêmes dépenses, une somme annuelle de 26,800 fr., en y compre-
nant les 1,800 fr. du secrétariat, soit onze mille huit
cents francs de plus par an.

Mgr Dupuch ne peut que remercier sincèrement les
sages auteurs d'une mesure aussi parfaitement juste et
convenable d'ailleurs, de le justifier lui-même d'une
manière aussi complète, aussi éclatante, tout en regret-
tant personnellement de n'avoir pu mieux réussir à faire
estimer naguère ces mêmes choses à leur valeur vé-
ritable et consciencieuse.

En 1839 après tout, il ne dépensa pour cet objet que
ces 6,000 fr., à force de privations et de sacrifices;
mais comme il lui fallut les emprunter, et qu'il ne put
en opérer le remboursement réel avant la fin de son
épiscopat, hélas! chaque année, au contraire, ses emprunts ne firent que grossir forcément et s'aggraver
par le fait, le 31 décembre 1845, au lieu d'une somme
de 6,000 fr., c'était bien davantage qu'il devait à ses
prêteurs; de même qu'au lieu de ne devoir que 7,000 fr.
pour le chapitre précédent, il était devenu redevable,
avec le temps, d'une somme presque double.

En effet, de 1839 à 1843 inclusivement, Mgr Dupuch
ne paya jamais moins de 10 p. % d'intérêts, et de 1843
à 1846, environ 15 p. % en moyenne, tous frais compris. Quand il sera rendu compte de cette année critique, il devra être parlé plus convenablement des rai-
sons nâvrantes de pareilles stipulations, trop faciles

malheureusement à deviner pour tous ceux qui ont connu, qui ont habité l'Algérie.

20,500 francs de dépenses de toute nature pour la fondation de ses deux séminaires ou établissements ecclésiastiques diocésains.

Ce furent les premières de ce genre, en date et en importance, dans des prévisions qu'il ne doit pas être nécessaire de faire apprécier ici autrement que par cette simple réflexion : sans elles, en effet, pas de fondation vraie d'église, de diocèse organisé, ne se pouvait comprendre et n'eût été possible.

Il les entreprit, au surplus, presque en même temps, rassemblant autour de lui quelques jeunes ecclésiastiques ou aspirants, et réunissant, d'abord, sous le titre de maîtrise de la cathédrale, puis, sous celui de clercs de l'évêché, un certain nombre de plus jeunes étudiants.

3,000 fr. lui avaient été alloués, sur ses instances, par le gouvernement, pour frais de bas chœur et de maîtrise proprement dite; il avança en conséquence, avec confiance, le premier semestre, soit 1,500 fr., et commença dans une portion de la maison dite *Capitulaire,* attenante au palais épiscopal, cet essai d'institution diocésaine dont le personnel et le mobilier lui coûtaient déjà bien davantage.

Mais, au bout de quelques mois, le ministre de la
guerre ayant refusé de reconnaître, de sanctionner l'emploi de cette même somme, sous le prétexte étrange
que ce bas chœur n'avait pas été organisé suivant ses
vues, il se décida, au prix de sacrifices devenus plus
considérables et non moins urgents, à transférer dans
les environs d'Alger, l'établissement à peine ébauché,
et qu'il ne lui était plus possible désormais de conserver
dans l'enceinte même de la ville, les loyers y étant trop
élevés de beaucoup, et l'installation du chapitre ne per-
mettant plus d'utiliser de la sorte le premier et déjà bien
insuffisant local.

Il choisit la maison de campagne du général Bernelle,
située à Mustapha-Inférieur; sans doute, le loyer en était
coûteux, mais il n'aurait pas trouvé mieux ailleurs, ni
à des conditions moins onéreuses.

Il dut, en même temps, augmenter le personnel et
le mobilier proportionnellement à ces développements
forcés; il le fit aussi sans hésiter, quoique avec le plus
de prudence possible; ainsi acheta-t-il tout ce qui pouvait convenir des meubles de cette maison, pour 2,000 fr.
environ; il y joignit le surplus, le linge, etc.

Cependant, soit à cause de l'élévation de ces loyers,
soit surtout pour suffire également à une autre fondation
qu'il ne pouvait plus guère différer, celle du refuge des
pauvres orphelins, Mgr Dupuch jeta les yeux à Musta-
pha-Supérieur, quartier de Tlemléli, sur une propriété
importante, alors connue de tous à Alger sous le nom
de l'ancien consulat de Danemarck, afin d'y transférer

au plus tôt et d'y réunir ces trois berceaux encore si frêles de ces grandes et belles œuvres diocésaines.

On la lui vendit au prix longtemps débattu de 38,000 f. ; mais il eut à en payer immédiatement 2,000 fr. de plus, ainsi qu'à servir une rente annuelle dont elle était grevée.

Il est vrai qu'elle contenait vingt-quatre hectares de terres, bois, jardins et prairies, qu'elle était arrosée d'eaux abondantes et intarissables, et que les diverses constructions qui déjà y existaient, étaient fort considérables ; la situation en était d'ailleurs magnifique, et l'air qu'on y respirait parfaitement salubre.

Quoique ses vendeurs eussent consenti à certaines facilités de payement, ce fut, dès cette première année, au mois de novembre, une dépense sérieuse pour lui que le déboursé nécessaire aux 2,000 fr., aux frais d'actes, aux six premiers mois d'intérêts des 38,000 fr. à 10 p.%, et au service du semestre actuel des rentes.

En résumé, ce déboursé joint aux deux premières combinaisons préparatoires, ou la double fondation de ses deux séminaires, lui coûta 20,500 fr. tout compris, et il n'y a certes pas lieu de s'en étonner ; bien plus, en y réfléchissant aujourd'hui avec une consciencieuse attention, on a quelque peine à comprendre que ce chiffre total ne se soit pas élevé plus haut encore.

D'autre part, si le gouvernement lui alloua, pour une somme de 3,000 fr., de quoi subvenir, dans le séminaire métropolitain d'Aix, à trois ou quatre bourses ecclésiastiques, destinées à un nombre correspondant de théologiens, il ne lui accorda rien pour sa fondation d'Afrique; heureusement, l'association pour la Propagation de la Foi, lui permit de payer ces 20,500 fr. sans aucune charge personnelle.

Il en fut ainsi, au surplus, d'une portion considérable de la dépense occasionnée par deux autres fondations, devenues presque aussi nécessaires: celle de la maison des Orphelines de la Providence, et du Refuge des Orphelins de St-Cyprien.

19,510 fr. furent dépensés, en effet, dans le cours de cette même année, par Mgr Dupuch, pour ces deux établissements, ainsi que pour un certain nombre d'enfants trouvés ou abandonnés qu'il lui fallut recueillir.

L'asile des Orphelines fut ouvert le premier, à Alger, en mars 1839.

À cette époque, et d'abord dans ce but plus particulièrement, Mgr Dupuch venait de réunir en société de charité l'élite des dames de cette capitale de l'Algérie, sans distinction de culte, ni de nationalité; quelques années plus tard, elles n'étaient pas moins de 300 associées, et comptaient des imitatrices, des auxiliaires dignes d'elles, à Oran, à Bône, à Constantine et jusques à Mascara.

Inutilement, dans des circonstances critiques, il essaya de placer le deuxième asile sous le patronage d'une société correspondante d'hommes bienfaisants.

Grâces donc à ces dévouées coopératrices et aux sœurs de St-Joseph de l'Apparition, l'œuvre des orphelines prit, dès le commencement, de rapides et prospères accroissements en Algérie; plus de deux cents de

ces pauvres chères enfants lui devaient la vie et une
éducation non moins précieuse, quand leur premier
évêque les quitta.

Il avait payé les lits en fer des premières d'entre
elles; il aida de quelques secours d'un genre différent
les commencements si manifestement bénis de Dieu, de
cette œuvre capitale, et acheta, pour y aider davantage
encore, une maison de campagne à Mustapha, où les
orphelines ne tardèrent pas à être transférées, en attendant mieux.

Cette maison, dite de Forcinal, lui revint, avec les
frais d'actes, la mise en état, etc., à 13,000 fr. environ.

L'humble local prêté aux dames de charité par l'administration bienveillante de la colonie, était devenu
presque aussitôt insuffisant, et sans doute, elle n'avait
pu leur en offrir de plus convenable.

Quant à l'œuvre des orphelins, pour laquelle jamais
aucune administration n'alloua même un franc à Mgr Dupuch personnellement, tandis que la direction de l'intérieur pourvut suffisamment à sa continuation, à son
merveilleux développement sous celui qui lui succéda
après cinq années d'efforts désespérés pour la soutenir
et la développer d'abord lui-même, sans parler de ce
qu'elle concéda en tout temps à la société des dames
de charité; quant à l'œuvre des orphelins, elle ne date
en réalité que du jour de la fête de St-Cyprien, au mois
de septembre.

Ce jour là, en effet, pour honorer l'illustre africain,

et en mémoire des vingt-cinq pièces d'or qu'il avait fait
compter à pareille heure, entre les mains de celui qui
allait abattre et couronner par le fer sa tête sacrée,
vingt-cinq de ces pauvres enfants furent publiquement
adoptés par l'évêque, aux applaudissements de tous.

Mais auparavant, dès le lendemain de son arrivée,
il avait été forcé de s'occuper déjà du sort d'un certain
nombre d'enfants naissants déposés à sa porte, sur le
seuil hospitalier de son église, et jusque sur le mar-
chepied de l'autel, dans des corbeilles de jonc tressé,
dans des *couffins* matelassés de gazon, les uns à son
adresse personnelle, les autres à la garde du Dieu dont
il était le représentant et l'envoyé.... Avec le temps, il
leur fit préparer des berceaux en fer; il acheta pour
ceux-ci des chèvres de Malte qui les devaient allaiter,
et dont plus d'un pauvre petit prisonnier arabe suça les
mamelles pendantes, à l'ombre tutélaire de l'église
de la Casbah, transformée pour eux et pour leurs mères
en miséricordieux asile; il pourvut les autres de nour-
rices, aidé dans cette dernière portion de son œuvre
par le pieux concours de la Société de Charité.

Et maintenant, fut-ce réellement trop que ces 19,510 f.
consacrés à de semblables établissements, à de pareilles fondations? Ce qu'elles sont devenues depuis, ce
qu'elles sont encore à cette heure, répond suffisamment.

La Propagation de la Foi donna de quoi en payer
11,333; le surplus dut être ajouté par le fondateur, que
nul ne secourait, au taux ordinaire et ruineux de ses
emprunts.

Pour faire face aux plus pressantes nécessités de ces œuvres, qu'il ne pouvait pas plus laisser périr une fois commencées, qu'il n'avait pu d'abord s'empêcher de les commencer ainsi; pour subvenir aux frais de ces intérêts désastreux, personne hélas! ne lui venant plus en aide à une époque fatale (selon qu'il sera nécessaire de le faire connaître avec plus de détails en temps et lieu opportuns), Mgr Dupuch avait contracté, avait souscrit des engagements dont la forme, les exigences et la sévérité lui répugnaient également..... Mais alors, pour lui, pour cet évêque abandonné de tous, il n'y avait pas de choix possible à cet égard, pas plus en Europe qu'en Algérie.

2,000 francs dépensés en distributions régulières de pain,
à la porte de l'évêché ou chez les sœurs.

L'Association charitable de la Propagation de la Foi en fit les frais, chaque année comme en celle-ci, pendant les cinq ans où l'évêque d'Alger eut part à ses miséricordieuses largesses.

Ces distributions non interrompues, et qui, dans l'espace de ces cinq années, s'élevèrent en totalité à 10,000 fr., n'ont sans doute pas besoin d'être justifiées. Et si ce prélat, dont le cœur était assiégé de tant de paternelles sollicitudes, éprouva jamais, alors ou depuis, quelques regrets à cet égard, assurément ce ne fut pas

d'y avoir songé, d'y avoir constamment et exactement
subvenu, grâce à de pareils secours, mais bien plutôt
de n'avoir pas pu toujours y suffire, de n'avoir pas pu
les rendre plus considérables encore, et plus profitables
à ceux qu'il chérissait et vers lesquels il avait été prin-
cipalement envoyé.

Il en dirait autant, avec les mêmes doux et tendres
regrets, du reste des secours, des aumônes, des assis-
tances de toute sorte, qui lui étaient devenues nécessités de position et de ministère, soit auprès des Européens, soit même, et peut-être davantage, auprès des
indigènes.

Il put, il dut y succomber à la fin ; mais il n'eût pas
eu un vrai cœur d'évêque, c'est-à-dire de père et de
mère, suivant la gracieuse façon de parler du cardinal
de Cheverus, dont le vêtement d'honneur ornait en
Afrique ses épaules inclinées sous le fardeau ; il n'eût
pas mérité de l'être, s'il ne se fût pas ainsi livré, dé-
voué. Il ne lui avait point été ordonné de n'y point périr, mais bien d'être évêque. N'avait-il pas même, au
jour de sa consécration solennelle, juré expressément
d'être miséricordieux envers les pauvres, les étrangers
et tous les indigents, à cause du nom du Seigneur?
(Pontifical romain, de la consécration d'un évêque.)

Ah! plus d'une fois il lui arriva d'envier le sort de
ce Paulin de Bordeaux, devenu esclave de sa charité
dans cette même Afrique. Avec quels transports de joie
il lui semblait qu'il se serait vendu, lui aussi, supposé
qu'à ce prix il eût pu accomplir dans sa plénitude ce

serment sacré! Mais, en vérité, le résultat de tout ce qu'il y fit, de tout ce qu'il y souffrit depuis le commencement, en ceci comme en tant d'autres choses, ne ressemble-t-il pas quelque peu, quoique de trop loin, à ce divin esclavage?

« Non, non, je ne crois pas qu'en France, écrivait-» il naguère encore sur ce même sujet, je ne crois pas » qu'on puisse bien se figurer ma position vraie sous ce » rapport.

» J'ai dû donner à la fois jusqu'à 1,000 fr., en 1840, » pour une population de plusieurs milliers d'âmes, sans » dictinction de culte ou d'origine. Il ne pouvait pas y » avoir, en effet, d'exception dans mon cœur; comment » donc y en aurait-il eu dans ce qu'il m'inspirait de faire, » dans ce qu'il ne me laissait plus la liberté de différer?

» Chaque année, le jeudi saint, je donnais 300 f. aux » pauvres; le jour du premier de l'an, celui où l'Église » célèbre la mémoire de saint Augustin, c'était à re-» commencer; pour mieux dire, j'étais assiégé le jour, » j'étais assiégé la nuit, à Alger, en voyage, partout, » dans ces temps de détresse : alors, par exemple, que » certaine administration se trouvait tellement prise au » dépourvu, par l'arrivée simultanée d'un trop grand » nombre de colons, qu'il me fallait les recueillir, les » entasser chaque soir dans une de mes églises, sauf à » lui restituer chaque matin son usage ordinaire.

» J'ai dû acheter à celui-ci, à Clausel-Bourg, en » 1839, une baraque, incendiée le lendemain par les » Hadjoutes; car sans les 300 fr. qu'il me la vendit, il

» n'eût pu regagner son Alsace chérie, comme tant d'au-
» tres de ses infortunés compatriotes, dont les ossements
» gissent sans honneur dans cette vallée insalubre, à
» l'ombre de ces buissons ensanglantés. Et moi je vou-
» lais en faire un oratoire pour les survivants !

« J'ai dû secourir, aider dans leurs malheurs immé-
» rités, une foule de familles honorables, accourues sur
» cette terre de tant de déceptions, trop confiantes en
» de mensongers récits : ainsi, donner jusqu'à 600 fr.
» d'une seule fois à la nièce d'un illustre maréchal,
» ancien gouverneur de l'Algérie (le Cᵗᵉ d'E.), réduite à
» la misère la plus effroyable, et ce, sur les instances
» d'un haut administrateur, dont le budget officiel de
» secours était épuisé en ce moment : certes je n'en étais
» pas surpris ;

« Ainsi encore, 300 fr. à la famille D... 1,000 fr. au
« capitaine J.., davantage au médecin de l'armée X.,
» davantage même à la famille B. Des officiers, comp-
» tables, trésoriers et autres, n'échappèrent à l'infamie,
» au suicide, que grâce à de pareils secours, ou à des
» avances non toujours fidèlement remboursées; hélas!
» pourquoi faut-il ajouter que, malgré cela, ou plutôt
» à défaut d'y pouvoir recourir, tous n'y échappèrent
» point?

« N'y ai-je donc pas consacré, puisque tout absolu-
» ment on veut savoir, indépendamment d'argent pro-
» prement dit, et ma montre, et ma chaîne d'or, et la
» belle croix pectorale de cérémonie qui s'y trouvait
» suspendue, et une magnifique coupe en vermeil, don

» d'une amitié généreuse et non épuisée; et un anneau
» de grand prix qui m'avait été envoyé de Milan : l'éclat
» de ses diamants m'était devenu insupportable, à la vue
» de tant de misères; et la riche patène d'un calice, au
» souvenir d'une grave parole de St Ambroise; et une
» portion de mon argenterie, et mes plus chers objets,
» ou gages particuliers de vieux amis, jusqu'au der-
» nier........ Le rouge me monte au front en me voyant
» condamné à de pareils aveux.

« Que de pauvres colons, repartant pour l'Europe
» sans la plupart de ceux qu'ils en avaient joyeusement
» amenés naguère, et plus indigents encore qu'alors,
» ne m'a-t-il pas fallu secourir, moi évêque, vers le-
» quel, à ce titre, tous s'empressaient! Que de jeunes
» filles exposées ne m'a-t-il pas fallu arracher, sans dé-
» lai, à plus que la mort!

« J'ai payé les dettes de ceux-là, qui n'auraient pu se
» rembarquer sans cette miséricordieuse assistance; j'ai
» nourri, recueilli, marié celles-ci; ces autres, je leur
» ai fait toucher telle somme, 25, 50, 60, 100 fr.
» même, au moment de leur arrivée, de leur retour
» par Marseille; et n'y a-t-il pas un de mes créanciers
» qui réclame encore le reste de ce que je lui dois, de
» ce qu'il avança en mon nom dans cette charitable cité,
» (500 fr.), pour ce même genre d'aumônes et de se-
» cours?

« J'ai assisté de malheureux ecclésiastiques, venus
» d'Europe en Algérie sans y avoir été appelés ou
» agréés par moi, et obligés de s'en retourner, plus

» dignes encore de ma commisération paternelle, qu'ils
» ne pouvaient pas implorer en vain, quoique je ne fusse
» guère plus fortuné qu'eux au fond.

« J'ai soulagé, j'ai cherché à sauver dans les marais
» de Baba-Aly, dans les plaines pestilentielles du Fon-
» douck et de l'Arratch, ceux que la fièvre et la misère
» y décimaient à l'envi, sous leurs chétives huttes de
» rameaux flétris, ou sous leurs planches mal jointes,
» dans certains villages essayés plutôt que fondés : rem-
» plaçant par exemple une portion des bestiaux de
» ceux-ci, envoyant à ceux-là des provisions etc. »

C'est plus qu'assez; donc, nous ne dirons rien, à plus
forte raison, de ce qu'il dut faire d'autre part pour une
classe de ses diocésains plus digne encore de son intérêt, sous certains rapports, les indigènes. S'il n'était pas
possible, en effet, dans ces difficiles et délicates con-
jonctures, de leur annoncer directement, de leur prê-
cher l'Évangile, un évêque pouvait-il ne pas s'efforcer
du moins, de les attirer au christianisme, de dissiper
peu à peu leurs préjugés en le leur faisant aimer, bénir? Et qui calculerait ce que serait devenue, avec le
temps, cette lutte incessante de la charité contre le fa-
natisme, si elle eût pu être toujours soutenue, dans ces
premiers temps surtout?

L'assemblée des chefs religieux de l'islamisme à
Constantine, que cet évêque présida environ ce même
temps; un échange célèbre de prisonniers en 1841 ; de
dernières et attendrissantes relations avec les hôtes du
château d'Amboise, ne le font-ils pas presque pressentir?

Au surplus, en Algérie, qui n'a été frappé, doulou-
reusement impressionné, à la vue de la misère prover-
biale d'une partie de la population mauresque? et, cependant, ce n'était pas comme lui, avec des entrailles
de père, qu'il la considérait!

3,000 fr. pris cette année sur les secours de la Propagation de la Foi, aidèrent Mgr Dupuch à soulager une
trop faible partie de tant d'infortunes.

2,000 fr. nécessairement empruntés par lui, furent
bien peu, il faut l'avouer, pour ne pas rendre sa laborieuse mission tout-à-fait illusoire quant au reste de ceux
dont la misère inquiète surveillait chacun de ses pas de
représentant de la charité.

Placez, en effet, jetez 'un évêque au milieu d'une
multitude d'indigents et d'affamés, et de bonne foi dites,
dites s'il en mériterait le nom expressif en se fermant
les yeux, en se bouchant les oreilles, pour ne pas les
voir, les entendre, dans le paisible fond des apparte-
ments d'un palais somptueux?

Ah! au lieu d'un palais, à celui-ci, pourquoi ne lui
pas remplir les mains d'or, et le laisser habiter satisfait
sous sa tente de poils de chameau, sous les rameaux
épais de quelqu'un des oliviers séculaires à l'ombre
desquels il rassemble ses orphelins sur le versant de la
colline voisine?

Pauvre lui-même, et puisque cet or, ses mains vainement suppliantes ne le devaient pas recevoir pour le
répandre à leur tour, mieux encore lui eût valu ce palais du désert; les lambris dorés, les riches tapis, les

marbres ciselés de l'autre n'eussent pas trompé l'œil scrutateur de l'indigent, et ne l'eussent pas fait croire opulent à ceux qui ne jugeaient trop souvent que par les apparences; une obole, un morceau de pain, une coupe de lait chaud, sous le rideau entr'ouvert de sa tente, leur eussent paru plus considérable que de l'argent, de l'or même, sous les élégantes colonnades, dans les salons splendides de son palais d'emprunt.

Une dernière dépense sacrée, non moins indispensable à d'autres titres pour un fondateur d'évêché, préoccupa vivement le premier évêque d'Alger dès son arrivée, et il dut lui sacrifier ce qui lui restait de la précieuse allocation de la Propagation de la Foi pour cette même année : elle n'était pas de moins de 41,833 fr.

Pendant quatre ans, Mgr Dupuch sera encore providentiellement secouru par elle; mais, à dater de 1843, nul ne lui viendra plus en aide d'une manière quelconque; le gouvernement lui-même diminuera une partie de ce qu'il n'avait cessé de lui allouer depuis son élévation à l'épiscopat jusqu'alors; il en sera réduit à regretter presque d'avoir été jamais secouru et entraîné par là dans tant de dépenses de toute sorte auxquelles seul il ne pourra plus suffire.... N'anticipons pas ici sur ces tristes détails.

Assurément, pour cette première année d'un tel épiscopat, ce n'eût pas été trop, pour les deux conseils de

la Propagation de la Foi, de mettre à sa disposition ce
qu'ils attribuèrent à son successeur vénéré, et ils firent
bien, pour les six derniers mois de 1846. C'étaient les
premiers de la mission de celui-ci, qui n'avait d'ailleurs
personnellement encore à supporter aucune des charges
exceptionnelles sous le fardeau desquelles Mgr Dupuch
succombait; or, sans compter ce qu'il recevait en outre
de surplus de la part du gouvernement, cette part pour
les six mois seulement, fut de 106,284 fr.

Quoi qu'il en soit, Mgr Dupuch, dépensa, en 1839, la
somme de 5,500 fr. en ornements et objets divers,
fournis, donnés par lui, aux premières églises ou chapelles de son diocèse naissant, à leurs presbytères, en
frais coûteux de transports, en menus frais d'appropria-
tion, de réparations y relatives.

« J'entends par là, » écrivait-il dans une publication
récente, où il devait s'expliquer sur l'ensemble des
dépenses de ce genre dont il sera successivement
question dans celle-ci; « j'entends par là, si vous vou-
» lez en savoir davantage, les différents ornements et
» objets servant au culte, donnés par moi à la cathédrale
» dans les commencements ou depuis; les vases sacrés,
» les statues, les tableaux, les ornements de toutes
» sortes, aubes, habillements d'enfants de chœur, bé-
» nitiers, pierres sacrées de toute grandeur, autels de
» marbre ou de bois, balustres, garnitures d'autels, en
» cuivre, en fonte, en carton-pierre, en bois, dorés ou
» argentés; les lampes correspondantes, les encensoirs,
» croix de procession, chandeliers d'acolytes, cartons

» d'autel encadrés ou non; les bannières, les reliquaires
» ou châsses, les stations de la croix, les rituels, mis-
» sels, livres d'église, nappes, linges sacrés de toute
» sorte, donnés, fournis, distribués par moi, soit à Alger
» même en commençant par l'évêché, dans les chapelles
» des sœurs, des hôpitaux, des pénitenciers, des sémi-
» naires, des maisons d'orphelins et d'orphelines, à
» Ste Philomène, au Sacré-Cœur, au Bon-Pasteur; soit
» encore à Mustapha, à Kouba, à El-Biar, à Delhy-
» Ibrahim, à Notre-Dame de Staouéli, à Douéra, Ste-
» Amélie, Koléâh, Bouffarick, Byrkhadem, Blidah,
» Cherchell, Milianah, Ténez, Mostaganem, Mascara,
» Philippeville; ou mieux, et pour abréger, dans toutes
» les églises, dans toutes les chapelles fondées en Algérie
» sous mon administration, à peu près sans exception,
» en sus des objets fournis par le gouvernement, ou en
» attendant qu'il s'en occupât enfin. »

Alors, en effet, l'état n'allouait rien pour l'installation
du culte dans les paroisses nouvelles; aujourd'hui, depuis le départ de Mgr Dupuch, pour chacune il attribue
et donne une somme de 1400 fr. au moins; la conséquence n'en est pas difficile à tirer.

Sans doute, et en particulier pour certaines églises
principales, la cathédrale de St Philippe surtout, soit le
gouvernement, soit une royale munificence, firent beaucoup, même dans ces commencements où tout, absolument tout manquait à la fois; malheureusement ce n'était
point assez, tant s'en fallait, pour la plupart des fondations nouvelles.

Ainsi, en totalité, suivant ces chiffres successifs, en sus, en dehors de ce que l'administration lui alloua pour cette première année de son épiscopat, Mgr Dupuch dépensa une somme de 65,000 fr. environ, soit 65,510 fr.

La Propagation de la Foi en paya 41,833, ce qui réduisit à 23,677 fr. le chiffre réel de son déficit.

Néanmoins, le 31 décembre 1845, avec les intérêts capitalisés il ne devait pas moins de 45,445 fr. pour solde.

Heureusement ces 21,768 fr. de surplus furent acquittés peu après avec une partie des offrandes fraternelles, qui lui arrivèrent hélas! trop tardives; et, en définitive, il n'est resté grevé que de ces 23,677 fr. soit 24,000 fr. environ.

24,000 fr. c'était, ce semblerait, peu de chose, en y comparant ce qu'ils représentaient; mais, hélas! dans l'impossibilité de les payer, dans l'inexorable nécessité d'y ajouter les charges correspondantes des années qui devaient suivre, c'était déjà beaucoup; car c'était comme le premier percement du puits profond dans le gouffre béant duquel il est encore abîmé, après douze longues douloureuses années.

Et pourtant, ce que cette somme, ce que ce déficit représente ainsi, fut-il sagement, fut-il raisonnablement dépensé? Ce que Mgr Dupuch avait fait, aurait-il pu

vraiment, consciencieusement, s'empêcher de le faire
dans la situation qui venait de lui être imposée? A qui
décidément les résultats avérés en profitèrent-ils? à qui
même encore aujourd'hui profitent-ils?

A lui, à Mgr Dupuch, aux siens? Non assurément;
mais bien à son ancien diocèse, à la colonie de la France
en Afrique, et, par conséquent, à la France elle-même,
à l'État.

Celui-ci n'avait alloué, en totalité, pour cette première
année d'une fondation aussi difficile qu'importante, à
celui qu'il en rendait responsable, que la somme de
46,800 fr. Ce n'était même pas de quoi suffire au plus
indispensable de son personnel. Mais pourquoi se fati-
guer à démontrer l'évidence?

ANNÉE 1840.

8,000 *francs dépensés pour les prêtres auxiliaires.*

A mesure que se développait la fondation, l'organisation du nouveau diocèse d'Alger, ses besoins spirituels
de toute sorte croissaient à proportion, et réclamaient
impérieusement un nombre plus considérable d'ouvriers
évangéliques, intelligents d'une pareille mission, et non
moins dévoués que capables.

Le Gouvernement le sentait bien, et, en 1840, il accorda quelques titres ecclésiastiques de plus à l'évêque,
dont les angoisses, les sollicitudes pastorales, redou-
blaient; mais, cette fois encore, ce ne fut pas en nombre suffisant; et, quant aux prêtres auxiliaires en particulier, quoique la série des établissements hospitaliers
dépourvus de tout secours fût devenue plus considérable, elle aussi, ils avaient été complétement oubliés
dans cette favorable augmentation.

C'est ce qui explique pourquoi le chiffre de cette première dépense diocésaine, en 1810, est plus élevé que celui de la dépense correspondante en 1839; au lieu de 7,000, c'est 8,000 fr. cette année.

Mais avec les intérêts capitalisés, car sans emprunt il n'y eût pu subvenir, ce sera bien davantage qu'il devra réellement en 1846.

A peine cependant si la différence de sacrifices put suffire à la subsistance d'un de ces indispensables coopérateurs de plus, en 1839.

6,500 francs dépensés pour frais dits supplémentaires de l'Évêché.

Les frais, les dépenses de toutes natures croissaient ainsi de toutes parts avec les charges diocésaines; cette année d'ailleurs, et tandis que, sous le toit de l'évêque, une partie de ceux-ci se continuaient, un voyage de quatre mois qu'il faisait en Europe ne contribuait pas peu à en augmenter le chiffre total de ces quelques centaines de francs.

Ce voyage avait eu d'abord pour but de prendre part, d'assister à la cérémonie du sacre de Mgr Sibour; puis, de réclamer de nouveaux secours, soit du Gouvernement, soit de la Propagation de la Foi; et enfin de recruter un plus grand nombre d'ouvriers apostoliques.

Il fut atteint en partie, non que des secours pécuniai-
res bien plus considérables en aient été le résultat, mais
parce que sept ou huit moissonneurs éprouvés entrèrent
bientôt, sous sa conduite, dans la portion du champ du
père de famille, dont le défrichement lui avait été confié; d'autres prêtres zélés, des frères de Sainte-Croix
du Mans, leurs auxiliaires naturels, s'y joignirent à l'envi,
sans plus de retard, ainsi que deux ou trois jeunes clercs
d'élite; enfin de courageuses femmes, cédant à une pro-
videntielle invitation, accoururent presque en même
temps sur ses pas, sous la bannière de la Sainte-Trinité.

Mais à son retour, à leur arrivée, que de calamités!
quelles épreuves se préparaient déjà, s'accumulaient
autour de lui et des siens! La guerre, qui avait éclaté
en novembre précédent, les entraînait à sa suite meur-
trière. Le nombre des malheureux, des orphelins, était
plus que doublé; le prix de toutes choses, même des
plus indispensables à la vie, plus que triplé; car l'ennemi poussait l'audace de ses reconnaissances jusqu'aux
portes même d'Alger. Ne fut-on pas forcé d'évacuer
temporairement la maison du général Bernelle? Ne paya-
t-on pas, sans en pouvoir toujours avoir, jusqu'à 4 fr.
le kilogramme de viande de boucherie peu saine; une
méchante volaille ne coûtait-elle pas 5 et 6 fr., et le
reste à l'avenant?

———

Aussi, le développement des deux séminaires, les
frais de translation, d'installation du petit au consulat de

Danemarck, les honoraires des nouveaux directeurs, le surplus du mobilier, les réparations ou appropriations importantes nécessitées par les circonstances, surtout ce renchérissement des denrées alimentaires et de la main-d'œuvre ; le tout réuni s'éleva, malgré bien des privations, à une somme totale de plus de 20,000 fr., soit 20,614 fr.

Heureusement la Propagation de la Foi en fit les fonds. A quelle extrémité, en effet, l'évêque eût-il été réduit, s'il n'eût dû compter que sur les chétifs 3,000 fr. de l'administration, qui ne crut pas devoir y ajouter une obole? Elle était sans doute trop préoccupée par cette lutte acharnée, qui l'avait presque surprise à Oued-Lalleg.

Les trois directeurs exigeaient environ 5,400 fr., en les traitant comme les ecclésiastiques les moins rétribués du diocèse; les Frères, près de 4,000 fr. Il y avait de vingt à vingt-cinq élèves, dont très-peu payaient la modique pension tout entière, tandis que le plus grand nombre n'en payait pas du tout ou à peu près; parmi ces derniers se trouvaient cinq jeunes arabes de la province de Constantine.

Aujourd'hui, l'évêque d'Alger reçoit du Gouvernement une somme annuelle de 52,000 fr. pour ses deux établissements ecclésiastiques; nul ne le tracasse à leur sujet, et ne l'expose à chaque instant à les voir défaillir entre ses mains paternelles.

Encore une fois, que pouvait réaliser, qu'eût donc fait son prédécesseur avec ses 3,000 fr.? D'un autre

côté, il ne pouvait point, en conscience, ne pas poursuivre, ne pas opiniâtrément continuer des œuvres semblables; elles sont, en effet, essentielles à la fondation
d'une Église, à l'existence d'un diocèse, dans les temps
où nous vivons; ceci ne se prouve pas.

12,000 francs dépensés pour les orphelins.

Les dames de charité s'étaient décidément chargées
de l'œuvre des pauvres petites orphelines, et, à l'avenir, elle ne coûtera plus à l'évêque, en secours matériels, qu'une portion extrêmement faible de ses sacrifices personnels, jusqu'à ce que, dans le cours de
l'année 1844, et en dehors de toute fâcheuse prévoyance
de la part de certaines personnes haut placées, elle lui
porte un coup fatal, elle, la première, la plus chérie
de ses fondations charitables.

Cette année 1840, prospère pour ces dames et pour
leurs filles adoptives, malgré la cherté de toutes choses,
le fut également pour l'œuvre des jeunes garçons orphelins, transférée au consulat de Danemarck en même
temps que le séminaire, et dans des bâtiments séparés,
grâces à la miséricordieuse subvention de la Propagation
de la Foi. Néanmoins, et à cause de l'accroissement
progressif du nombre de ces bien-aimés enfants, ils ne
coûtèrent pas moins de 12,000 fr. en nourriture, vêtements, mobilier, honoraires de leurs surveillants, ap-

propriations de première nécessité. C'est encore bien modéré en Algérie et pour 1840.

———

10,000 francs dépensés pour les églises, chapelles, pres-bytères, pour tout ce qui concerne l'installation et l'exer-cice ordinaire du culte.

Diverses localités intéressantes, Douéra, Mustapha, Blidah, reçurent pour la première fois, dans le cours de cette année, cette insigne faveur; il fallut donc, en attendant que le gouvernement eût alloué, payé le traitement de leurs nouveaux desservants, y pourvoir d'une autre façon, et à peu près tout y fournir, tout y organiser : mobilier d'églises, de presbytères, ornements, vases sacrés, linges, livres, etc., il n'y avait rien; à lui seul, par exemple, le presbytère de Blidah coûta bien à l'évêque plus de 1,000 fr. Bouffarick, privé de son humble sanctuaire transformé en ambulance, et réduit peu après à la misérable baraque en planches dont certain rapport au Roi, en son conseil, parle avec tant d'énergie, réclama pour elle 3 à 400 fr. de réparations indispensables, le mobilier de ce qu'on y appela le presbytère, et pour 15 ou 1,800 fr. de vases sacrés, ornements divers, linge etc.

Les chapelles des récentes fondations diocésaines ou charitables, dont se réjouissait l'Église nouvelle d'Afrique, ne pouvaient pas non plus être oubliées dans cette répartition.

Un costume complet, ne revenant pas à moins d'une cinquantaine de francs pour chacun, soutanes, aubes, ceintures, calottes, bas, fut acheté pour les douze principaux clercs de l'évêché, destinés à porter les insignes pontificaux dans les occasions solennelles.

Sainte-Croix de la Casbah avait été mieux partagée, sous les auspices dévoués des familles des principaux chefs militaires, qui occupaient cette résidence fameuse; néanmoins, elle ne fut pas absolument étrangère à ces prévisions paternelles.

Quelques autres achats, dont deux reliquaires en bronze doré, faits en vue des nécessités prochaines, et par occasion, pour éviter, par exemple, la vente profane d'ornements tombés autrefois aux mains des Maures ou des juifs, complétèrent cet important chapitre.

2,000 fr. dépensés en distributions régulières de pain, et acquittées par la Propagation de la Foi ;

3,000 fr. de secours divers accordés aux indigènes;

3,000 fr. d'aumônes, avances, secours de toute sorte, au reste de la population, dans les trois provinces, continuèrent ainsi, en 1840, avec encore plus d'irrésistibles motifs d'en agir de cette façon, ce qui avait été forcément commencé à cet égard en 1839.

En une seule occasion, 1,000 fr. dûrent être donnés à la fois; dans une autre, de misérables restes de la tribu des Arribs, décimés par la guerre et par les fiè-

vres de l'Arratch, reçurent le plus nécessaire de leurs
vêtements. Plusieurs jeunes indigènes étaient élevés soit
en France, soit en Algérie, non sans qu'il en coutât plus
ou moins à leur protecteur et à leur père. A Constantine,
peu auparavant, le mobilier de l'hôpital fondé par les
arabes, avait été en partie fourni par l'évêque, grâces
à de pontificales largesses.

Ces 3,000 fr. de secours aux indigènes achevèrent
de compléter l'emploi de la subvention de la Propagation de la Foi, pour 1840.

Les trois autres mille d'aumônes ordinaires ne furent
obtenus qu'au prix d'emprunts correspondants alors,
mais presque doublés avec le temps par la capitalisation
des intérêts; à cette occasion pourtant, l'emprunteur
n'avait pas été plus libre qu'à l'ordinaire, de ne point
se procurer ainsi ce qu'il n'était pas libre de ne pas avoir
dans sa position.

Il convient d'en dire autant du premier payement qu'il
fit, en mars 1840, d'une portion du prix d'achat du
consulat de Danemarck; 8,000 fr. furent comptés par
lui à ses vendeurs, selon les termes et les exigences du
contrat; en 1846, ils avaient produit à leur tour de ruineux résultats, tandis que les 1,586 fr. de rentes per-
pétuelles, joints aux 3,000 fr. d'intérêts du reste du prix
total, pendant le même laps de temps, n'avaient fait que
les rendre plus ruineux encore.

Il èst vrai que désormais, ni séminaires, ni orphelins, ne payèrent plus de loyers jusqu'en 1845; à cette dernière époque, à Elbiar, on exigea de l'évêque, qui, sans se rebuter des obstacles de tout genre, alors accumulés, contre lesquels il luttait, y avait résolument tenté un nouvel et dernier essai de fondation de son petit séminaire, une somme de 4,500 fr. pour loyer d'une seule année; ceci peut donner une idée des avantages attachés par lui à l'acquisition du consulat.

Cette acquisition avait d'ailleurs été nécessitée par les circonstances, et ces charges périodiquement renouvelées, en grande partie du moins, n'en étaient plus que les naturelles et inévitables conséquences : il s'agit des rentes et des intérêts.

Ainsi en 1840, et suivant les chiffres ci-dessus fidèlement énumérés et expliqués, en dehors de ce que l'administration lui avait alloué pour cette même année, la somme totale des dépenses diocésaines de Mgr Dupuch s'éleva à la somme définitive de 77,700 fr.

La Propagation de la Foi en paya par ses mains 47,614. Donc, au 31 décembre 1840, son déficit réel n'était que de 30,086 fr.

Au 34 décembre 1845, les intérêts capitalisés l'auront successivement porté à près de 54,900; il est vrai que ce surplus devra être acquitté, quelques mois plus tard, par de providentiels secours.

Mais ces 30,086 fr. dont il demeurait responsable fictivement, on le peut bien dire, car enfin ce n'était pas pour lui vraiment, personnellement, c'était pour son diocèse et comme chef de ce service sacré, qu'il avait agi, stipulé, ces 30,086ʳ représentaient bien réellement :

1° Le traitement d'un certain nombre de prêtres auxiliaires dont il n'avait pu se passer;

2° Des frais supplémentaires de l'évêché, d'une nécessité manifeste, et reconnue, quoique trop tard, par le gouvernement;

3° Des aumônes sacrées, qu'il était impossible dans sa position, et en sa qualité d'évêque, qu'il ne fît pas;

4° Une portion notable de la valeur d'une propriété importante, devenue l'héritage de deux de ses œuvres, les plus coloniales qui se puissent imaginer, en même temps que les plus épiscopales;

5° Le mobilier, les ornements, les objets indispensables à l'installation et à l'exercice du culte, dans un certain nombre de localités, et dont une partie y sert encore aujourd'hui aux mêmes sacrés usages.

Était-ce trop d'argent dépensé pour de pareils résultats? de bonne foi, qu'on se reporte par la pensée à cette époque, à ce pays dépourvu de tout en ceci, à cette année désastreuse plus particulièrement, et qu'on réponde?

A qui cependant ces 30,086 fr. et leurs accessoires obligés profitèrent-ils alors, ou depuis? à qui profitent-ils toujours en ce moment même, et profiteront-ils longtemps encore?

A cet évêque, qui a fini par succomber sous le fardeau imposé à sa faiblesse par le gouvernement de son pays, et qu'il avait tant fait pour décliner, à Paris, à Rome; ou bien aux siens?

Mais, non; car, ce fut, c'est à l'Église, au diocèse d'Alger fondé résolument par lui à ce prix; c'est à la colonie de la France en Afrique, et par conséquent à la France elle même.

Pourquoi, en totalité, son gouvernement ne lui avait-il alloué, pour cette même deuxième année, que l'insuffisante somme de 57,200 fr.?

ANNÉE 1841.

9,000 francs dépensés pour les prêtres auxiliaires.

C'est un millier de francs de plus que dans l'année précédente, pour une œuvre suffisamment appréciée désormais.

Cependant, cinq auxiliaires d'élite avaient cédé, vers la fin de l'année 1840, aux instances réitérées de l'évêque, à qui, chaque jour, ils devenaient plus nécessaires; et à 1,800 fr. chacun, le calcul semble complet.

Mais, comme il fallait, ou pourvoir d'une manière quelconque à leur logement, ou ajouter à leur traitement une indemnité correspondante, une occasion des plus favorables s'étant présentée, sur ces entrefaites, d'acheter pour eux en ville une maison suffisante et convenable, dans des vues d'avenir et d'une sage économie, l'évêque n'hésita pas : il en fit l'acquisition au prix modéré de 12,000 fr.

Au surplus, à cette époque, à Alger même, dans ce quartier, c'était vraiment, au dire de tous, une opération qui ne pouvait être qu'avantageuse sous tous les rapports.

Elle représente, en effet, les 3,000 fr. annuels que le gouvernement accorde, dans le même but exactement, au nouvel évêque d'Alger, pour une portion des nombreux prêtres auxiliaires qu'il ne lui refusa point.

Ces 24,000 fr. l'évêque ne les avait pas, les quelques dons qu'il avait pu recevoir précédemment ou à son retour de France, ayant eu une destination particulière; force lui fut donc de se les procurer aux conditions accoutumées, trop connues déjà, de ces pays et de ces temps; toutefois, ce ne fut pas encore autant que ce qu'il lui eût fallu dépenser pour une indemnité annuelle, tandis que l'important établissement qu'il avait voulu fonder solidement, avait réussi au delà même de ses espérances.

Sans doute, ces emprunts successifs et réitérés lui répugnaient déjà extrêmement; il n'en pressentait que trop les fatales, les rigoureuses conséquences; il comprenait qu'il lui faudrait inévitablement, le lendemain même, y recourir encore; mais il s'agissait d'œuvres, de devoirs mille fois sacrés, sans lesquels il n'eût pu être évêque, fonder une pareille Église, et devant la réalisation, la continuation desquels il n'y avait plus pour lui ni à s'arrêter, ni à reculer.

Ainsi, par exemple, en cette même année, pouvait-il jeter ses orphelins sur le chemin du fort de l'Empereur, ou bien laisser de nouvelles populations, devenues une partie de son troupeau, de sa famille, sans secours religieux? des églises nouvelles, des coopérateurs de son épiscopat, sans les plus indispensables secours matériels, sans pain, sans abri, sans autel ou sans calice? ou bien encore renoncer à des aumônes que les malheurs de la guerre rendaient de plus en plus impossibles à refuser toutes? n'avait-il pas à supporter les charges de l'acquisition du consulat, un second payement à compter, des rentes à servir? etc., etc....

Un gouvernement puissant et fort est décidé à s'emparer à tout prix d'une place dont la conquête lui importe beaucoup; en conséquence, il en donne l'ordre formel à un général de ses armées; celui-ci obéit et part; il n'eût été regardé que comme un lâche, sa carrière eût été brisée à l'instant, s'il eût seulement hésité. Mais voilà que, le siége une fois commencé, la place investie et battue en brèche, sans que ni ce gouvernement ni ce chef résolu aient pu le prévoir à temps, ou que ce dernier puisse y remédier autrement, les murailles étant plus épaisses qu'on ne l'avait soupçonné, un renfort de troupes lui est devenu absolument nécessaire; il n'a plus pour continuer, pour remplir sa mission, ni assez de vivres, ni assez de munitions.

Cependant, chaque jour, à mesure que le besoin s'en fait davantage sentir, il peut se procurer, à prix d'argent qu'il lui est facile d'emprunter dans le pays, quoiqu'à de dures conditions, hommes, vivres, armes et munitions de guerre.

S'il s'arrête, il perd un temps précieux, il n'accomplit pas sa mission; s'il attend des secours directs, inutilement sollicités déjà, de la part de ceux qui la lui imposèrent, mêmes embarras, mêmes graves inconvénients..... s'il recule, il faudra bien à toute force qu'un autre, car il sera certainement mis à la retraite, s'il n'est même pas cité devant un tribunal sévère, il faudra qu'un autre revienne à la charge, avec plus de frais, avec de nouvelles et plus abondantes provisions, avec une troupe plus nombreuse, et ainsi les dépenses de l'état seront, en définitive, plus considérables encore que s'il avait emprunté à de forts intérêts, les premières étant d'ailleurs comme perdues.

Ne dirait-on pas, précisément, ce qui arriva, en 1836 et 1837, à l'occasion de la double expédition et de la prise de Constantine?

Donc, il emprunte, en effet, après avoir généreusement sacrifié tout ce qu'il possédait personnellement; il emprunte, même à ces conditions qui tiennent au pays, à sa position exceptionnelle; et, sans plus tarder, avec ces renforts de toute nature, devenus absolument nécessaires, mais suffisants désormais, il continue, il poursuit courageusement ce qu'il avait entrepris par ordre supérieur : la place cède enfin à ses efforts désespérés.

Mais, le lendemain, ses créanciers interviennent; ils lui demandent, ils veulent exiger rigoureusement ce qu'ils ne lui prêtèrent ainsi, au surplus, qu'à cause de son titre. Toute son humble fortune (il ne la regrette pas) y a été engloutie; sans ces dettes il n'eût pu réus-

sir; ses compagnons d'armes, ceux qui l'ont vu à l'œuvre depuis le premier jour, l'attestent unanimement;
celui qui est choisi, qui est envoyé pour lui succéder,
afin de terminer, de consolider en la développant la
conquête du pays que son prédécesseur a été obligé de
quitter, contraint par ces exigences rigoureuses auxquelles il ne sait répondre qu'en montrant ses blessures
profondes et les lambeaux de son drapeau déchiré,
flottant sur les remparts humiliés de la place, son successeur se joint à eux pour attester aussi, pour proclamer l'énergie, la nécessité, le succès de tant d'opiniâtres
efforts; le gouvernement, son propre pays lui-même,
profitent de leurs résultats, qu'il fallait, après tout, obtenir à quelque prix que ce fût.

Et, cependant, pour lui, l'infortuné capitaine, ce ne
sera pas assez d'avoir perdu son commandement, d'avoir
sacrifié tout ce qu'il pouvait posséder, jusqu'à son propre équipement, jusqu'à ses armes les plus précieuses,
jusqu'aux insignes de son commandement, vendus pour
acheter de la poudre, des fusils, du pain pour ses soldats : il faudra qu'on y ajoute d'amers reproches, et,
plus de cinq ans après, il n'aura pas cessé de gémir sous
le poids aggravé de ces dettes patriotiques; il ne pourra
pas même obtenir qu'on lui restitue ce qui existe, ce
qui reste de ces munitions et de ces armes achetées à
ses frais.

Oh! non, mille fois.

Monseigneur Dupuch se proposait d'ailleurs, en ce
même temps, d'aller de nouveau en Europe; il devait

retourner à Paris, à Rome même, vers la fin de cette
année 1841 ou dans les premiers mois de l'année suivante. Sa santé, fatiguée de tant de courses, de travaux
de toute sorte, de tant de secousses morales surtout,
réclamait un changement momentané de climat, un voyage aux Pyrénées; l'hiver précédent, il avait failli succomber à une violente attaque de fièvre pernicieuse, le
lendemain du jour où il avait ouvert lui-même, avec une
douce joie, les exercices du premier jubilé solennel de
l'Afrique chrétienne.

A force d'instances, partout renouvelées, il espérait
intéresser davantage à sa mission, obtenir de plus abon-
dants secours, et, cette fois, plus que de bienveillants
témoignages de sentiments personnels, plus que d'in-
certaines ou stériles promesses.

Hélas! ce ne fut pas de beaucoup autant qu'il l'eût
fallu, autant qu'il avait osé l'espérer.

Le remboursement par l'État, de ce que lui avait coûté,
à lui personnellement, l'échange des prisonniers récemment accompli! Mais n'y a-t-il pas là comme un heureux précédent, comme une indication palpitante d'un
autre remboursement? D'honorables faveurs pour deux
de ses vicaires généraux; un millier de francs pour frais
de voyages, y compris ceux de ses prêtres en Algérie;

12,000 fr. une seule fois accordés pour le plus pressé
de la fondation d'une de ses œuvres à double fin; et encore, des promesses qui purent être sincères, qui le
furent même, mais qui ne se réalisèrent point pour la
plupart; ce fut tout.

Ce fut tout, et cependant les besoins, les exigences, les charges de toute nature de cette position, dont il faut bien répéter qu'il n'est pas possible en Europe et après dix ans écoulés, de se faire une exacte idée, allaient toujours s'augmentant, s'ajoutant les uns aux autres, se compliquant en proportion des réels progrès de cette Église, qui devait un jour coûter plus que la vie à celui qui l'enfantait alors parmi tant de douleurs.

8,000 fr. dépensés pour frais supplémentaires de l'évêché.

Ces détails à peine ébauchés suffisent néanmoins à faire comprendre et à justifier cette légère différence, entre l'année précédente et celle-ci, sous ce rapport.

19,000 francs dépensés pour les deux séminaires, dont environ 16,000 pour le petit.

Il y avait à entretenir trois directeurs, plusieurs frères, un nombre plus considérable d'élèves, de nouvelles appropriations à faire au consulat, où de grandes constructions ne pouvaient plus tarder même à être entreprises, soit pour le petit séminaire proprement dit, soit surtout pour les orphelins.

En défalquant près de 8,000 fr. pour le personnel et pour le mobilier, le surplus ne paraîtra certes pas exagéré à quiconque est familiarisé avec de semblables détails; seulement il ne faut pas perdre un instant de vue qu'en Algérie, et alors, le prix de tout était de beaucoup supérieur à ce qu'on eût payé de correspondant en Europe, à ce qu'on le payerait aujourd'hui dans la colonie.

Chose remarquable! c'est à peu près le chiffre de l'allocation actuelle du Gouvernement pour le petit séminaire d'Alger, qu'il n'a commencé à subventionner que sous l'épiscopat du successeur de Mgr Dupuch.

La Propagation de la Foi pourvut à cette dépense totale en 1841.

_____

10,000 fr. pour les orphelins; c'est encore moins, à certains égards, à cause du nombre croissant de ces chers enfants, du mobilier, du linge, à y proportionner, et de tout ce que suppose une installation incomplète, comme n'avait pas pu cesser de l'être, jusque-là, celle de cette œuvre destinée plus tard à tant de prospérité.

Il est vrai qu'alors l'administration n'aidait pour rien, absolument pour rien, leur fondateur épuisé, tandis que, lorsqu'ils cesseront d'être sous sa direction personnelle, elle contribuera pour beaucoup à ces heureux progrès.

Cependant les ressources mises par la Propagation de la Foi à la disposition de Mgr Dupuch, ne purent couvrir ces frais, en particulier à cause d'une autre dépense extraordinaire dont il va être question, et les 10,000 fr. s'élevèrent à 16,000 fr. environ, avec les intérêts capitalisés, au moment où il tomba enfin écrasé sous le poids.

**15,000 fr. dépensés pour le deuxième payement du consu·
lat , en avril 1841.**

Ce payement, auquel il vient d'être fait allusion, était
la conséquence nécessaire de cette acquisition ; l'acquéreur y pourvut aux frais de la Propagation de la Foi, ce
qui explique suffisamment pourquoi il n'eut pas recours
à sa charitable allocation pour subvenir à la dépense, par
lui aussi restreinte que possible, de ses pauvres orphelins.

2,000 fr. en distributions de pain, au compte de la
Propagation de la Foi, comme dans les deux années
précédentes, comme dans les deux qui suivront, et toujours pour les mêmes sacrés motifs ;

4,000 fr. en secours de toute nature, aux indigènes ;
c'est le chiffre le plus haut que cette dépense ait atteint,
et, à l'avenir, elle ne fera que décroître ;

3,000 fr. en aumônes, avances et secours au reste de
la population.

Il s'agit, encore une fois, de 1841, année glorieuse
pour nos armes, à plus d'un titre ; mais non moins
cruelle que la précédente pour les colons, pour les pauvres, et, par conséquent, non moins féconde en instances, en demandes désolées de la part de tous, indigènes et Européens, auprès de celui qui, par sa position
officielle, par son caractère sacré, par tout ce qu'il avait
déjà essayé de faire depuis son arrivée, était devenu

comme le point de mire d'espérance de tant d'infortunés. L'échange des prisonniers venait surtout d'impres-
sionner profondément, à cet égard, les populations indigènes.

Que faire cependant? Eh! mon Dieu, faire ce qu'il fit
réellement, avec le regret poignant d'être forcément
circonscrit dans d'autres limites que celles de son cœur
d'évêque.

La Propagation de la Foi le défrayait de ce qu'il ver-
sait dans le sein des infidèles; pour ses frères les plus
proches, pour plusieurs surtout qui lui étaient d'autant
plus chers qu'ils étaient égarés, il emprunta ces 3,000 f.,
qui, en 1846, avec les intérêts capitalisés, le grevèrent
d'une dette effective de près du double.

Ah! ce n'étaient pas seulement ces infortunes ordinaires, plus fréquentes et plus douloureuses loin de la
patrie, qui désolaient sa propre indigence; depuis longtemps déjà ses entrailles paternelles s'étaient émues davantage encore sur deux classes, bien diverses pourtant,
de pauvres et intéressantes créatures.

Comment, en effet, à la vue de tant de malheureuses
jeunes filles, qui avaient succombé, par l'excès de la
misère ou le péril de leur position en Algérie, à plus
que la perte de la vie; comment n'aurait-il pas été profondément touché du repentir de celles que de salutai-
res remords, l'incessant développement de la religion,
de la miséricorde et de la charité autour d'elles, et les

pieux souvenirs d'enfance qu'il réveillait dans leurs âmes saintement troublées, amenaient parfois, et plus souvent peut-être qu'aucuns ne le soupçonnèrent, à ses pieds de père, d'ami des affligés et des pécheurs?

Comment n'aurait-il pas ardemment souhaité, rêvé pour elles un charitable et tutélaire refuge? Comment surtout n'aurait-il pas songé à préserver, à sauver d'un tel péril, d'un sort pareil, ces autres jeunes filles d'un âge plus tendre encore, et qui ne manqueraient pas d'y périr bientôt à leur tour, si elles n'étaient, sans plus de retard, arrachées aux conseils perfides de la faim, à la séduction, à je ne sais quelles spéculations infâmes?

Ce ne sera guère pourtant qu'en 1843, que, ne pouvant plus résister aux inspirations, aux reproches de son cœur, aux cris de sa conscience, aux gémissements, à la divine puissance de leur repentir, il se décidera enfin à ouvrir aux premières l'asile, le refuge du Bon-Pasteur.

Mais déjà, en 1841, sous les auspices de l'héroïne de Mugnano, dont la protection se faisait sentir à son diocèse de plus d'une façon, il profite d'une offre, sur la profonde et dévouée sincérité de laquelle il sait depuis longtemps qu'il peut aveuglément compter, et, grâces, en majeure partie, à ce qu'il reçoit de la Propagation de la Foi, il fonde la maison de Préservation, dite de Sainte-Philomène, à Alger; son nom seul en justifie désormais l'ouverture et ce qu'elle coûte.

7,000 fr. ont été fournis par la charitable association de Lyon, établie en Algérie dès l'arrivée de Mgr Dupuch;

1,000 fr. qu'il empruntera complèteront cette œuvre

naissante de Préservation, non moins sociale et coloniale que miséricordieuse et chrétienne. Malheureusement, au lieu de 1,000 fr., il en devra 1,500, lors de son départ, pour l'acquit de ce même emprunt, qu'il ne pourra pourtant se repentir d'avoir contracté.

10,833 francs dépensés pour églises, chapelles, presbytères, etc.

En 1841, l'état de la mosquée, devenue église Saint-Charles de Blidah, exigeait des réparations d'une certaine importance; l'urgence en fut constatée et reconnue. Vainement, néanmoins, on en réclama, on en attendit et attendit encore l'exécution : il s'agissait du récrépissage, du carrelage entier, etc.

Ce fut alors que le curé de cette grande paroisse, à force d'instances auprès de l'évêque, et presque de guerre lasse, obtint de celui-ci la permission de faire exécuter lui-même ces travaux, avec le plus d'économie qu'il se pourrait; il espérait, et son évêque espérait avec lui, que tôt ou tard, l'urgence étant manifeste, ainsi que cette prudente économie, ce dernier serait indemnisé de pareilles dépenses; différées, elles eussent été une ignominie pour l'administration, et elles lui eussent coûté bien davantage encore. Hélas! il n'en fut pas ainsi.

Elles montèrent à près de 5,000 fr. Un autel en marbre blanc, fort simple, un tableau du prix de 400 fr., une garniture de chandeliers en bronze avec leur croix, la garniture de la chapelle personnelle de l'évêque, à qui elle était chère à plus d'un titre; une statue de la sainte Vierge, et quelques autres objets donnés par lui, achevèrent l'installation de cette église, qui fut solennellement consacrée, l'année suivante, par sept évêques français, de retour d'un voyage célèbre à Hippone; l'année précédente, le presbytère et la première installation du culte à Blidah, n'avaient pas peu coûté déjà au même prélat.

L'église des Saintes Perpétue et Félicité, de Delhy-Ibrahim, consacrée en 1841, reçut aussi, aux frais de l'évêque, l'autel de marbre blanc de sa propre chapelle, avec la table de marbre qui servait auparavant à la console de son appartement, sa propriété particulière; un appui de communion, en fonte, du prix de 2 à 300 fr., qu'il avait fait préparer pour ce même oratoire; une statue de saint Augustin, et divers autres ornements ou effets mobiliers, dont le remplacement et les prix réunis ne furent pas sans quelque importance.

Différentes fournitures du même genre à d'autres églises ou chapelles, certains achats correspondants, le transport de ces marchandises, le linge et le mobilier de la nouvelle maison diocésaine, complétèrent, si même ils ne l'excédèrent pas plutôt, la somme indiquée.

2,833 fr. avaient été pris sur ce qui restait de l'allocation de la Propagation de la Foi; le surplus, soit 8,000 fr., dut être la conséquence d'un emprunt.

3,086 fr. dépensés pour satisfaire aux charges an-
nuelles (diminuées désormais), aux rentes et aux intérêts
du reste du prix de l'ancien consulat de Danemarck.
Ceci n'a plus besoin d'explication.

———

Ainsi encore, à la fin de 1841, suivant ce qui vient
d'être suffisamment détaillé, en sus de ce que l'administration lui avait alloué pour cette même année, la
somme totale des dépenses, dites diocésaines, de
Mgr Dupuch, se monta positivement au chiffre de
103,919 fr.

La Propagation de la Foi en paya par ses mains
49,833. Son déficit réel ne demeura donc pas au-des-
sous de 56,534 fr. ; au 31 décembre 1845, à cause de
la capitalisation des intérêts, il s'éleva jusqu'à 74,336 fr.;
mais alors, un dernier sacrifice de Mgr Dupuch, qui lui
coûta le reste de ce qu'il pouvait posséder en Europe, le réduisit de nouveau à cette même somme de
56,534 fr.

———

Il ne saurait, en effet, être question ici, autrement
que pour mémoire, ni des 12,000 fr. que le Gouvernement, juste appréciateur des faits et des droits en cette
circonstance solennelle, lui fit rembourser pour dépenses totales faites par lui dans le cours de cette année,
afin de consommer l'échange des prisonniers; ni de
6,000 fr. de dons divers, recueillis en 1840 et 1841,

à l'aide desquels il acheta à Bône des terrains destinés
à la construction d'une église, que les zélés habitants
de cette localité importante voulaient bâtir eux-mêmes,
l'administration ne pouvant sans doute point le faire encore, et leur misérable chapelle n'y suffisant plus à
l'exercice décent du culte.

Elle n'avait pas augmenté d'ailleurs, malgré les réclamations réitérées de Mgr Dupuch, le chiffre de la do-
tation des séminaires, demeuré fixé par elle à 3,000 fr.,
ni celui de l'entretien des prêtres auxiliaires, par trop
manifestement insuffisant; rien n'en avait été obtenu pour
les frais supplémentaires de l'évêché, pour les orphelins, les pauvres, etc.

Il est impossible de ne pas faire, encore une fois ici,
une grave réflexion : ce fut, sans nul doute, parce qu'il
ne fut pas moralement possible de laisser à la charge
de Mgr Dupuch ce que lui avait coûté l'échange des prisonniers, ce qu'il lui avait fallu débourser, emprunter,
pour y parvenir, que l'administration lui en fit rembourser le montant. Mais, est-ce que des milliers de malades consolés et spirituellement secourus, est-ce que des
pauvres nourris par centaines, est-ce que des orphelins adoptés, d'innocentes jeunes filles préservées, des
églises dotées, etc., devaient demeurer, au contraire,
à la charge de cet évêque, qui n'aurait pas été moins
coupable, en vérité, de n'y pas pourvoir à tout prix,
qu'il l'eût été de ne pas rompre les fers de ces infortunés prisonniers, à quelque prix que ce fût aussi? Ah!
bien certainement, le jour où il les reçut dans ses em-

brassements paternels, à Sidi–Kalef, il ne pensait guère à ce remboursement.

Quoiqu'il en soit, cette somme totale de 56,534 fr. peut paraître bien considérable; elle l'est même, sans doute, à certains égards; mais, qu'il soit permis de la considérer de nouveau un instant, malgré l'ennui de ces répétitions :

1° Donc, était-il possible à l'évêque de ne pas suffire à l'existence de ses trop peu nombreux auxiliaires, de ne pas pourvoir à leur humble logement?

2° Les soins donnés aux séminaires, leur entretien, leur modeste et indispensable développement, n'étaient-ils pas pour lui, en cette qualité, d'une inexorable nécessité?

3° Ne lui fallait-il pas essayer de payer peu à peu le consulat de Danemarck, dont l'acquisition lui avait été imposée par les circonstances, et, en attendant, supporter les charges stipulées qui en étaient la conséquence?

4° Fallait-il, pouvait-il fermer impitoyablement à ses orphelins, reprendre à ses orphelines, les asiles qu'il avait dû leur ouvrir depuis plus de deux ans?

5° Cette maison de Préservation de Ste Philomène, n'était-elle point, elle aussi, l'une des plus sacrées nécessités d'un pareil épiscopat?

6° Les pauvres, les malheureux de toute sorte, les indigènes en particulier, devaient-ils inutilement se presser autour de son hospitalière demeure, y frapper en vain, accourir sur ses pas pour n'y point retrouver la trace de celui qui l'avait envoyé vers eux, et dont les parfums de ses bienfaits avaient autrefois trahi partout l'évangélique passage?

7° Les paroisses de Blidah, Delhy-Ibrahim, le reste de ces chrétientés naissantes, n'avaient-elles pas droit à ce qu'il fît pour elles, dans des proportions qui ne sont certes pas exagérées, avec un espoir qu'il ne devait pas supposer être toujours déçu?

8° Ce qui, depuis 1846, a été reconnu absolument indispensable à l'existence convenable, à la position d'un évêque d'Alger, ne le devait-il pas être tout autant pour le moins, en 1841, alors que tout y était bien autrement coûteux? Combien davantage, par conséquent, les deux tiers seulement de cette somme jugée nécessaire, la personne même de l'évêque demeurant en dehors de la question?

En France, où ceux qui sont promus à l'épiscopat trouvent leurs églises, leurs séminaires, leurs établissements hospitaliers, déjà existants, souvent même très florissants, on ne soupçonne pas ce que dut éprouver ce premier évêque d'Alger à peu près dépourvu de tout, et ayant tout à fonder. Relisez, si vous le voulez, la manifestation de son ancien clergé tout entier.

Cependant, combien de diocèses de la métropole, où, pour eux-mêmes, ces sages et vénérés pontifes, se sont accumulées peu à peu, de lourdes, d'énormes charges, imposées par les circonstances, par certaines entreprises importantes! Ce fut comme un héritage fraternel qu'ils reçurent de leurs prédécesseurs et qui ne devint pour la mémoire, pour la famille de ceux-ci, ni un reproche, ni une désespérante dette.

Et, pour tant de besoins sacrés, pour tant d'œuvres du plus haut intérêt, découlant de la mission de Mgr Dupuch, comme des ruisseaux découlent de leur source, franchement, à cette époque, en Algérie, fut-ce trop que cette cinquantaine de mille francs ?

Et à qui, en définitive, profitèrent-ils alors? A qui aujourd'hui même?

Les travaux de ces prêtres auxiliaires ne furent assurément pas sans fruits pour la colonie de la France en Afrique, auprès d'une partie de la population venue de certaines contrées de l'Europe surtout.

Le séminaire y subsiste et y fleurit, subventionné convenablement depuis; les orphelins, les orphelines, la maison de Préservation, n'ont pas cessé d'y prospérer; Blidah, Delhy-Ibrahim, les autres églises se sont servies de ce qui leur avait été attribué sur cette somme, de ce qui avait été fait pour elles; on marche encore sur ce carrelage; le temps n'a pas rongé ces autels, ces marbres, ces bronzes, etc... L'attente des pauvres non frustrée, et la charité, par les œuvres encore plus que par les paroles, rapprochant les cultes les plus dissidents, les populations les plus diverses, n'influèrent pas médiocrement, nul n'oserait le nier, sur ce qui fut heureusement continué depuis.

Quant à lui, le premier évêque de cette colonie, le fondateur de ce diocèse, il n'y gagna guère jusqu'ici, sur terre, que d'inexprimables inquiétudes, des angoisses qu'aucune parole ne suffirait à narrer, et les tristesses les plus amères.

Le moment ne serait-il donc pas venu enfin de l'exonérer de l'insupportable fardeau de ces dettes?

Gouvernement français, vous le comprendrez.

Propagation de la Foi, vous ne regretterez pas de n'avoir point fait alors davantage pour lui, puisque vous ne le pouviez pas : vous ne saviez point assez... mais, vous vous réjouiriez de contribuer, autant qu'il pourrait être nécessaire, à cette réparation tardive ; certes, il ne serait pas un seul de vos catholiques associés qui n'y applaudît avec l'épiscopat français, avec l'Algérie chrétienne, son évêque, son clergé en tête ; pas un de vos bienfaiteurs qui ne vous en bénît, qui ne vous remerciât d'avoir si parfaitement interprêté ses vœux. Oh! non, ce ne serait pas ce qui jamais pourrait rendre moins féconde la source divine où vous puisez! Au contraire.

Le gouvernement n'avait alloué, pour cette troisième année, tout compris, que 64,600 fr. pour l'évêque, l'évêché, les séminaires, le personnel diocésain tout entier ; c'est à peu près la progression accoutumée, et déjà indiquée ; cette moyenne ne sera guère d'ailleurs dépassée jusqu'en 1846.

En 1851, pour lui, pour l'évêché, ses séminaires et son personnel, l'évêque actuel d'Alger recevra environ 350,000 fr., d'après le recensement officiel de l'*Ordo*.

ANNÉE 1842.

—

10,000 francs dépensés pour les prêtres auxiliaires.

L'évêque dut, en effet, dans ce temps là plus que jamais, à cause de l'ère nouvelle que les succès décisifs d'un illustre guerrier commençaient à inaugurer pour l'Algérie, y disperser au loin et dans toutes les provinces, une partie de ses auxiliaires fidèles.

Il ne laissa plus les camps principaux de cette brave armée, dont l'épée avait façonné sa croix, sans aucun secours religieux; le nombre des hôpitaux militaires s'était accru; plusieurs hôpitaux civils leur avaient été adjoints; près de 100,000 hommes combattaient en Afrique sous le drapeau de la France; les colonnes expéditionnaires furent de temps en temps accompagnées par des prêtres dévoués, plusieurs aux frais de l'évêque uniquement; ne fallut-il pas même qu'il leur donnât et son unique cheval de selle et son manteau, etc.; et cependant aucun de ces auxiliaires, devenus ainsi nécessairement plus nombreux, ne fut reconnu par l'État, les quatre premiers seuls exceptés, dont le ministère était d'ailleurs fixe et déterminé.

Sans compter, en effet, les autres services auxquels leur zèle apostolique devait suffire, il n'y avait pas alors, en Algérie, moins de vingt à vingt-cinq établissements hospitaliers de l'État à desservir, sans aucun titulaire : citons l'hôpital Karatine et sa succursale, ceux du Dey, de la Salpétrière, de Mustapha, de Douéra, de Blidah, de Koléah, de Bouffarick, de Médéah, de Milianah, de Cherchell, de Bougie, de Philippeville, de Bône, de Ghelma, de Constantine, de Gigelly, de Sétif, de Mostaganem, de Mascara, d'Oran, etc.

Aux termes de l'ordonnance, qui, en 1830 ou peu après, avait supprimé les aumôniers de régiments, il avait été créé, institué, des aumôniers de brigades, en face de l'ennemi. En vain, néanmoins, Mgr Dupuch en réclama-t-il quelques-uns, au moins pour répondre aux vœux énergiquement formulés de plus d'une de ces guerrières cohortes ou de leurs dignes chefs.... Services sacrés pourtant, s'il en fut jamais, et que la justice, la reconnaissance la plus profondément sentie, la charité, le plus rigoureux devoir de la conscience d'un évêque, ne pouvaient pas plus longtemps laisser dans l'oubli complet, absolu, où d'autres, que ces divines choses ne préoccupaient pas au même degré, qu'elles ne concernaient pas d'une façon aussi formidable, les avaient ainsi abandonnées.

Donc, ce fut uniquement à cause de l'extrême pénurie où il se trouvait, que les dépenses de Mgr Dupuch, sur cet important chapitre, ne furent que de cette somme insuffisante. Il espérait d'ailleurs, et vraiment qui ne l'eût espéré à sa place, que le Gouvernement finirait par augmenter le nombre de ces ouvriers spéciaux. Cette espérance ne devait, hélas! se réaliser que sous l'épiscopat de son successeur.

Il obtint seulement, lui, pour 1843, une certaine augmentation de titres ecclésiastiques ordinaires, impossibles à retarder d'un jour, et la création d'*un* titre d'aumônier d'hôpital militaire pour chacune des trois provinces : un au Dey, un à Oran, un à Constantine, création trop manifestement incomplète. Néanmoins, il put, dès l'année suivante, grâce à cette augmentation, diminuer ce que les circonstances l'avaient contraint à faire, en 1842, pour cet article fondamental.

Ces 10,000 fr., au taux de 10 p. %, toujours le plus modéré de tous en Algérie, mais qui devait encore s'accroître sur la fin de 1843, constituaient, au 31 décembre 1845, une dette totale de près de 15,000 fr. Il sera dit, en temps utile, comment il fut pourvu à ce fatal surcroît.

9,500 francs dépensés pour frais supplémentaires de l'évêché.

La continuation de l'important voyage de Mgr Dupuch en Europe, celui qu'il lui fallut y faire de nouveau en février, et y recommencer en octobre de cette même année, à l'occasion de la translation d'une partie des restes précieux de St Augustin ; l'impression des trois mandements importants qu'il dut publier à ce sujet ; les frais de séjour des évêques en Afrique, malgré la fraternelle part qu'ils y voulurent prendre ; ceux de la réception de Bône et de la cérémonie d'Hippone (546 fr.), expliquent suffisamment et ne justifient pas moins ce chiffre, qui est le plus élevé des dépenses de cette nature sous son épiscopat, et qui ne sera plus atteint désormais. Vous avez remarqué, néanmoins, qu'il était encore inférieur à celui qui, pour chaque année indistinctement, sera bientôt alloué à son successeur : 2,300 fr. de moins, le secrétariat y compris.

Malheureusement, au 31 décembre 1845, époque à laquelle il pourra en payer l'écrasant surplus, ce ne sera pas seulement 9,500 fr. dont il restera grevé, mais bien davantage, à cause de cette désolante autant qu'inévitable capitalisation d'intérêts.

***

16,550 francs dépensés pour les deux séminaires de Saint Augustin et de Saint-Vincent.

L'arrivée des Lazaristes à Alger, dans le courant de cette année, ce qu'il dut ajouter aux allocations du Gouvernement à leur égard, malgré la modicité de ce supplément ; les frais, en ce qui le pouvait concerner, de cette nouvelle installation du grand séminaire proprement dit ; ceux de la double crise d'avril et de septembre pour les jeunes clercs et les orphelins, à cause du départ, imprévu autant que regretté, des prêtres de Sainte-Croix et de leurs frères, et de leur remplacement, soit d'abord par des directeurs, des surveillants intérimaires, soit peu après par des ouvriers plus éprouvés et plus capables à certains égards; les dépenses accoutumées, inhérentes à l'existence même de ces divers établissements, ne lui permirent point, malgré le désir qu'il en eut et le soin qu'il y mit, de rien retrancher de cette somme, ni de celle qu'exigèrent ses pauvres orphelins : 12,000 fr.

La Propagation de la Foi lui donna, au surplus, de quoi y pourvoir sur l'ensemble des fonds mis par elle à sa disposition pour cette même année; elle y ajouta 1,550 fr. pour les séminaires; les % capitalisés du reste, soit de ces 15,000 fr., en élevèrent le total à près de 22,000 fr. en 1845.

———

7,000 fr. dépensés pour l'œuvre de la Préservation de Sainte-Philomène, suffirent à peine au soutien de cette institution, dont l'intérêt dispense de toute nouvelle justification.

Avec ces 7,000 fr. il fallut, en effet, faire vivre une vingtaine de jeunes préservées, la directrice, sa domestique, payer le loyer du local en ville, etc. ; les petites pensions de quelques-unes, le modeste produit du travail de toutes, suppléèrent à ce que cette somme avait d'insuffisant en elle-même.

Comme en 1841, pour la portion principale de ce

que cette œuvre touchante et si éminemment sociale avait coûté, la Propagation de la Foi y pourvut, en 1842, d'une façon tout à fait pareille.

18,000 *francs dépensés pour la fondation de divers établissements de Frères et de Sœurs.*

Avant le départ, justement regretté, des Sœurs de Saint-Joseph de l'Apparition, l'évêque avait payé pour environ 1,200 fr. de réparations et d'augmentation du local qu'elles occupaient à Bône.

En 1842, quand les Sœurs de Saint-Vincent de Paul remplacèrent dans l'Afrique française ces premières ouvrières de la charité, qu'accompagnait une impérissable reconnaissance, ainsi qu'il venait de le faire pour les Lazaristes, Mgr Dupuch dut ajouter à ce que les nouvelles arrivées avaient reçu du Gouvernement, pour cette seule fois il est vrai.

D'autre part, dans l'est de l'Algérie, à Bône, à Constantine, les Sœurs de la Doctrine Chrétienne, de Nancy, succédaient alors aux Sœurs de Saint-Joseph; de plus, elles s'établissaient à Philippeville, à Gigelly même, plus tard, pour un instant. Environ 9,000 fr. formèrent le supplément de ce que l'évêque ne put s'empêcher d'ajouter aux sacrifices de leur communauté-mère, au trop peu que le Gouvernement leur donnait encore. Il fut heureusement aidé par un charitable prêtre, qui trouva depuis sa récompense au tribunal de celui qui ne laissera pas sans rémunération le calice d'eau froide donné en son nom.

A Oran, les Sœurs Trinitaires prospéraient déjà, sans être à charge ni au Gouvernement, ni au premier pasteur du diocèse, dont leurs succès consolaient le cœur angoissé; seulement ce dernier dut venir en aide au prêtre vénérable (sa mémoire, à lui aussi, est précieuse devant Dieu) qui n'en saurait être séparé, alors qu'il s'en était allé mourir en France; c'était lui, en effet, qui les y avait établies et dirigées jusqu'à ce suprême voyage. Désireux de mettre ordre à quelques affaires, et devenu comme elles pauvre par charité, tout naturellement il s'adressa de cœur à son évêque, et de cœur celui-ci lui répondit.

A Oran encore, le zélé curé que la providence lui a conservé, et à qui ce témoignage de gratitude est dû à plus d'un titre, méditait, à cette même époque, une fondation, réalisée depuis, et pour laquelle alors, afin de profiter d'une occasion favorable, il dut acheter, de concert avec l'évêque, la maison devenue plus tard l'établissement des Frères des écoles de Sainte Croix; la part du prélat fut de 2,000 à 2,500 fr. dans cette acquisition d'une inconstestable utilité, et qui est devenue propriété de l'État, d'après le vœu de M. l'abbé Drouet, sans que Mgr Dupuch en ait été indemnisé; il avait volontiers accepté, au surplus, cette condition, et il ne pouvait s'en repentir.

Précédemment même, il avait aidé d'autres frères ou sœurs, et en devait aider d'autres peu après, mais toujours sans grande dépense.

Néanmoins, la somme de 18,000 fr. fut facilement at-

teinte par toutes ces participations à de semblables œuvres; 6,000 fr. furent encore pris, pour y pourvoir, sur
les fonds de la Propagation de la Foi; les 12,000 res-
tants furent empruntés, et, en 1846, leurs intérêts capitalisés les élevèrent à 18,000.

2,000 fr. distribués en pain, aux frais de la Propagation de la Foi.

2,000, en secours de toute sorte, distribués aux indigènes.

4,000, en aumônes diverses.

Les secours aux indigènes avaient pu diminuer; les
jours devenaient, en effet, meilleurs pour eux avec la
consolidation de la puissance de la France en Algérie;
mais, par contre, le nombre des nouveaux colons ac-
courus de toutes parts y croissait chaque jour, sous ces
victorieux auspices, et, avec eux, la pesante et douce
charge de ces diverses aumônes; la Propagation de la
Foi paya les premières; les intérêts capitalisés de l'emprunt des 4,000 fr. en portèrent les exigences à 5,819 fr.
vers la fin de 1845.

10,000 *francs aux églises, chapelles, presbytères.*

Les fondations du gouvernement commençaient, il est
vrai, à rendre la position des paroisses et de leurs desservants moins embarrassante sous un rapport. A Byrkhadem, à Douéra, à Drariah, où la première pierre en

fut posée par les évêques revenus d'Hippone, trois églises nouvelles se bâtissaient; avec celle de Sétif, commencée un an plus tard, et celle de Delhy-Ibrahim, consacrée l'année précédente, ce furent les seules construites par l'administration pendant sept ans et demi; mais, à Koléah, à Médéah, à Milianah, à Gigelly, à Cherchell, à Mostaganem, à Sainte-Amélie, à Mers-el-Kébir, à Mustapha, à Kouba, à Mascara, à Ténez, à Ghelma, à Tlemcen même, le culte, ou s'installait déjà, ou ne devait guère plus tarder à être inauguré; deux ou trois ans plus tard, il l'était partout.

Sans rien allouer encore de précis et de fixe, ainsi qu'il le fit sous l'épiscopat du successeur de Mgr Dupuch, le gouvernement aidait davantage, il est bon de l'en féliciter et de l'en bénir, à ces installations successives; mais, le nombre de celles-ci, et l'insuffisance des secours accordés, exigeaient nécessairement de nouveaux et continuels sacrifices de la part de l'évêque; c'est ainsi, par exemple, que, quand il fut question d'établir le culte à Ténez, en d'autres termes, d'y fonder une chrétienté, une paroisse, soit pour loyer d'une église, pour loyer d'un presbytère, pour achats d'ornements, vases sacrés, linges, pour le desservant, pour son mobilier, pour l'entretien de toutes ces choses y relatives, il ne lui fut possible d'obtenir que 500 fr.

Aussi, en cette même année, ce qu'il lui en coûta en autels, tableaux, statues, vases sacrés, ornements, livres, linge, etc., mobiliers d'églises ou de presbytères, à Byrkhadem surtout, atteignit rapidement ce chiffre de

10,000 fr. Au 31 décembre 1845, il était fatalement augmenté, à cause de la capitalisation des intérêts.

***

10,000 *francs en achats de cloches de toutes grandeurs.*

Parmi les dépenses majeures, exigées désormais par
ces développements incessants de la fondation du diocèse d'Alger, figurent en première ligne, après les vases
sacrés, les autels, les ornements (sans lesquels il est
impossible que l'exercice du culte ait lieu), celle des
cloches et de leur sonnerie.

C'était, en effet, au milieu des indigènes, la procla-
mation la plus éclatante du nouveau règne du Christ; au
milieu des chrétiens, le plus cher, le plus émouvant
souvenir de leur première patrie, à l'absence de laquelle
ils avaient tant de peine à s'accoutumer pour la plupart.

Mais, en vérité, malheureux serait celui qui ne sen-
tirait pas ces choses! malheureux qui aurait besoin de
plus d'explications sur ce sujet!

Le Gouvernement l'avait d'abord si bien compris lui-
même, que, de préférence à une foule d'autres objets
qui eussent pu lui sembler plus nécessaires, il en avait
déjà le premier envoyé quelques-unes à Alger, en 1841,
et leur effet moral y avait sur le champ répondu à son
attente, à son intelligence parfaite d'un des plus vifs
désirs des habitants de la colonie.

Mais, en ceci comme trop souvent en choses reli-
gieuses, ce qui ne saurait surprendre, le ministère de

la guerre, peu au courant de certaines de ses nouvelles et si exceptionnelles attributions, n'avait pas fait assez... Mieux eût valu même, à quelques égards, qu'il n'en eût envoyé aucune : les autres populations chrétiennes considérables, telles que celles de Bône, d'Oran, de Philippeville, de Constantine, de Blidah, de Mostaganem, n'en eussent pas réclamé à leur tour, ni sitôt, ni avec autant d'impatience.

Persuadé cependant qu'à la fin l'administration, satisfaite du résultat de ses premières faveurs, acquiescerait bien, tôt ou tard, à une dépense semblable, et ferait, pour ces localités non moins dignes de son bienveillant empressement, ce qu'elle avait déjà si merveilleusement expérimenté envers les autres, l'évêque ne pouvant encore l'y décider, prit le parti d'en faire venir de nouvelles, qu'il acheta pour la plupart à crédit dans le magasin même du fournisseur de l'État.

Le ministre de la guerre consentit à les faire transporter, aux frais de l'administration, en Afrique, où leur arrivée fut accueillie avec d'unanimes démonstrations de gratitude et de joie. Cinq ans après, néanmoins, l'évêque, sur le point de se réembarquer, n'ayant pu achever de les payer, le marchand consentait à reprendre purement et simplement celles que Mgr Dupuch n'avait pas soldées; mais il ne fut pas permis à celui-ci de les lui renvoyer et remettre : l'administration les garda, s'en servit; bref, aujourd'hui encore, l'ancien évêque d'Alger est redevable à M. Hildebrand, fondeur à Paris, d'une portion de ce même prix.

15,000 francs pour dernier solde des constructions dites
E. D.

Vers la fin de cette année, une intéressante fondation
nouvelle s'accomplissait en Algérie : les Dames du Sacré-Cœur y arrivaient, y ouvraient le trésor de l'éducation qu'elles ont coutume de donner aux riches et aux
pauvres jeunes filles, avec une incontestable supériorité.
C'était uniquement à leurs risques et périls qu'elles s'é-
tablissaient.

Mais afin d'achever de les y décider (elles avaient
longtemps hésité), Mgr Dupuch, muni d'ailleurs de leur
autorisation, avait préparé les voies à leur prompte
et heureuse venue, en achetant pour elles l'ancienne
villa du général de Brossard, à Mustapha, et en faisant
ajouter à la hâte des murs d'enceinte et des constructions considérables aux bâtiments déjà existants ou re-
mis en etat.

Il avait confié l'exécution de son plan à un sieur E. D.,
quasi son compatriote, récemment débarqué avec re-
commandation des bureaux de la guerre; celui-ci abusa
malheureusement de la bonne foi de l'évêque, autrement que par son prétendu talent, et ce ne fut pas en
cette seule affaire.

Ces Dames payèrent l'acquisition, les travaux; mais,
soit qu'ils eussent par trop dépassé réellement les prévisions convenues, soit que le sieur E. D. en eût exagéré
les comptes, Mgr Dupuch, tant pour restes de ces mê-

mes appropriations que pour le surplus d'autres entreprises de même genre, exécutées presque simultané-
ment sous cette malencontreuse direction, ne lui en dut
pas moins payer ces 15,000 fr. Ce qui lui restait en ce
moment même des fonds alloués par la Propagation de
la Foi, y pourvut.

———

3,086 fr. dépensés pour l'acquit des rentes et des intérêts du reliquat du prix, non encore entièrement soldé,
du consulat de Danemarck; en 1845, la capitalisation
inexorable aura porté le montant de cette dette à 4,590 f.
et plus.

Ce n'est que pour mémoire qu'il peut convenir de
parler ici du compte des dépenses occasionnées, en 1842,
par le monument élevé, sur les ruines d'Hippone, à son
immortel Augustin; il coûta environ 12,000 fr.; avec le
temps, des aumônes particulières en soldèrent tous les
frais. Il devait y être accompagné d'une seconde fondation religieuse : à peine si elle reçut plus tard quelque commencement d'exécution, les mêmes ressources
n'ayant pu suffire.

———

D'après ce qui précède, en 1842, la dépense totale
de Mgr Dupuch, en sus de ce qu'il avait reçu du Gouvernement, fut donc de 119,136 fr.

La Propagation de la Foi lui avait alloué 45,550 fr.

Le montant de son déficit réel ne s'éleva, par conséquent, qu'à la somme définitive de 73,586 fr.; soit,

en 1846, avec les intérêts capitalisés, 102,000 fr. environ. Alors, ce surplus fut remboursé.

Mais, de tout ce qui représente cette somme, qu'aurait-il dû, qu'aurait-il pu retrancher parmi tant d'impérieux besoins?

Ce qu'il paya au trop peu délicat entrepreneur des travaux préparatoires de la fondation du Sacré-Cœur, serait-on peut-être tenté de répondre?

Toutefois, avant de le faire, il faudrait considérer attentivement de quel intérêt, au fond, cette nouvelle institution devait être pour l'Algérie, pour la colonie de la France; de quels sacrifices elle fut accompagnée par ces généreuses filles. Elles avaient avancé les fonds jugés nécessaires et convenus; il ne parut pas juste à celui qui, plus que personne assurément, pouvait apprécier leur dévouement et le prix de leur concours à son œuvre immense, de les rendre, de les laisser victimes de ce qui advint par le fait.

C'est ce qui le décida, malgré le besoin qu'il en eût eu pour le reste de ses miséricordieuses entreprises, à y consacrer les 15,000 fr. qu'il avait destinés d'abord à plusieurs autres de ses charges sacrées, auxquelles il pourvut différemment.

Au surplus, le pensionnat du Sacré-Cœur ne tarda guère à fleurir : son externat gratuit, son école primaire, l'ouvroir qui dut y être annexé, rendirent à une paroisse populeuse, à la colonie tout entière, pour parler plus exactement, de signalés services, sans qu'elle eût aucune dépense quelconque à supporter; et ces services, dignes vraiment d'être remarqués entre beaucoup d'autres, n'ont pas discontinué depuis plus de huit ans. A l'avenir,, ils ne cesseront pas davantage.

Ce serait bien inutilement, sans doute, renouveler de trop fréquentes et désormais fatiguantes répétitions, que d'ajouter, en finissant le compte-rendu de cette année 1842, qu'il en fut et est encore de même pour tout ce qui a été ci-dessus exposé avec de si consciencieux détails.

Evidemment, en effet, ce ne fut pas Mgr Dupuch qui profita, d'une façon quelconque, de ces autels ou ornements, de ces cloches, de ces fondations de frères, de sœurs, de ces écoles ecclésiastiques, de ces orphelins adoptés, de ces pauvres nourris et secourus de tant de manières.

Mais pourquoi ne pas redire ici le vieil adage des africains et de leurs conquérants : *Quem sequuntur commoda, sequi debent et incommoda?*

ANNÉE 1843.

———

Le déficit des années précédentes, quelque forcé, quelque prévu qu'il pût être, préoccupait chaque jour davantage, dans l'incertitude d'un avenir qu'il avait été longtemps en droit d'attendre, mais dont il commençait à douter sérieusement, le fondateur si peu compris, si peu secouru, du diocèse d'Alger.

Différents travaux importants, entrepris et terminés en 1842, n'avaient pas encore été soldés, par suite, il est vrai, d'arrangements pris et convenus avec les principaux entrepreneurs, quand, dès les premiers jours de l'année nouvelle, une catastrophe inopinée vint le surprendre et le frapper dans la personne d'un de ses prêtres, à la place duquel il se sacrifia lui-même, trompé qu'il fut par des promesses faites de bonne foi, il en demeura convaincu, mais qui au fond ne devaient pas être réalisées.

D'un autre côté, une somme importante (14,000 fr.)

lui fut frauduleusement soustraite, sans qu'il lui fût possible d'en obtenir la restitution, à cause de l'évasion d'abord, et bientôt de la triste fin de celui dont il fut la victime plus malheureuse encore qu'imprudente; car nul assurément n'eût pu se persuader une semblable façon d'agir.

Aussi, s'efforça-t-il, sans plus de retard, et malgré ce qu'il en eut à souffrir dans une foule d'occasions, de restreindre la plupart de ses dépenses, même les plus urgentes et les plus sacrées, se dévouant plus que jamais, se multipliant lui-même avec l'élite de ses coopérateurs fidèles, pour suppléer au nombre par une infatigable activité.

Ce n'était pas assez; ses instances désolées, comme il avait coutume de les appeler, redoublèrent d'énergie et de fréquence auprès du gouvernement, auprès du conseil de la Propagation de la Foi, et il n'y eut guère de portes opulentes ou saintes, auxquelles il ne heurta pas dans les angoisses et les déchirements de son cœur de père: en Angleterre, en Irlande, en Bavière, en Piémont, en Toscane, en France, dans l'Europe presque entière.

La Propagation de la Foi augmenta de quelques milliers de francs le chiffre à peu près ordinaire de ses miséricordieuses allocations; il ne reçut que d'insuffisantes réponses de la part de ceux à qui, dans sa détresse et sa torture morale, il avait cru pouvoir s'adresser avec quelque confiance.

Quant au gouvernement, il se contenta de créer les

trois titres d'aumôniers des hôpitaux militaires, un pour
chaque province (c'est-à-dire, trois pour environ vingt-
cinq établissements hospitaliers situés à de prodigieuses
distances les uns des autres), les laissant par conséquent presque tous encore à la charge de pauvres prêtres accablés, pour la plupart, de travaux, de fatigues
différentes et n'y pouvant suffire ; il leur adjoignit à
peine trois ou quatre vicariats ou succursales.

Bien plus, et par suite de cette accumulation, de cette
continuation de déficit, par suite encore de ces mêmes
démarches aussi pressantes que nombreuses et réitérées,
peut-être par des motifs qu'un évêque, plus que qui que
ce soit, doit savoir oublier et pardonner, surtout quand
il s'agit de quelqu'un de ceux qui lui furent chers et qui
est devenu malheureux lui aussi, une rumeur défavorable à l'administration financière de Mgr Dupuch s'était
déjà répandue, avant la fin de cette même année, au
sujet de sa douloureuse et inquiétante position sous ce
grave rapport. Hélas ! elle devait porter à son épiscopat
un coup dont il ne se relèverait plus.

Et, dans le vrai, sans lui devenir jamais personnellement hostile, mille fois moins encore à sa mission,
après lui avoir donné d'éclatants témoignages du contraire, tout à coup, dès lors, à Paris, à Lyon, partout on
se retira de lui, de ses œuvres directes, on le délaissa
comme à l'envi.

Peu auparavant encore, tout le monde se plaisait à
reconnaître sa piété, à célébrer sa charité, son intelligence de cette difficile et sublime mission, son zèle tout

à fait apostolique : « Dieu, disait-on de toutes parts,
» Dieu l'avait manifestement suscité pour redonner la vie
» à une grande et illustre Église, etc. » Certes, il y avait
bien de l'exagération dans la faveur de ces jugements
et de ces discours.

Mais, maintenant, on se disait, confidentiellement d'a-
bord, puis presque avec éclat, et non sans une exagération contraire : « Il a trop bon cœur, son cœur le
» trompe, l'entraîne et l'égare ; il ne pourra pas conti-
» nuer ce qu'il a commencé ; il marche vers un abîme,
» il fera de déplorables affaires, etc. »

Mieux eût valu, ce semble, se demander s'il avait eu
raison ou non de le commencer ainsi, de l'entreprendre ;
si c'était nécessaire, après tout, et d'une incontestable
utilité ; et, dans cette supposition, qui était la vraie, l'en-
courager, l'aider encore davantage.

De là, au contraire, refus de crédit à peu près partout, emprunts nouveaux presque impossibles ; aussi,
pour suffire aux engagements divers nécessités par les
inexorables besoins de ses séminaires, de ses orphelins,
de son église tout entière ; pour obtenir le renouvelle-
ment ruineux, mais non moins indispensable, de ceux de
même nature, de même origine, qui remontaient encore
plus haut (à 1839), il subira forcément désormais des
conditions usuraires qui aggraveront encore sa position
au lieu de l'améliorer, et précipiteront enfin un résultat
contre lequel il luttera, il se débattra vainement, comme
enfermé dans un cercle de fer et de feu, pendant une
longue et inexprimable agonie ; au lieu de 10 p. %,

ce sera 12, ce sera 14, ce sera 15 et plus, qu'on exigera de lui.

Loin de le relever, le Gouvernement, qu'il avertira cependant de la manière la plus solennelle et la plus énergique, s'effraiera, se refusera constamment à ses demandes, même les plus légitimes, même les plus manifestement fondées en droit, en justice, en raison, en convenances de toute sorte; même celles qu'il ne tardera pas, lui, Gouvernement, à reconnaître comme telles, en les accordant avec profusion au successeur de Mgr Dupuch.... C'est trop peu dire : il ira jusqu'à retrancher à cet évêque, épuisé de sacrifices pour le bien public uniquement, une partie de ce qu'il lui donnait auparavant, de ce qu'il lui avait régulièrement accordé depuis 1839, sans seulement l'en prévenir, lui en alléguer le moindre motif, sans répondre une seule fois à ses représentations désespérées. Ainsi, par la suppression d'un de ses quatre prêtres auxiliaires, ou par la diminution de ses frais de voyage.

La Propagation de la Foi elle-même, oubliant aussi de l'en prévenir à temps, mal renseignée probablement sur certains détails par d'autres que par lui, quoiqu'il ait eu la courageuse loyauté de lui exposer sa situation, la Propagation de la Foi cessera désormais de rien mettre à sa disposition personnelle.

Il est vrai qu'elle soutiendra par d'autres mains que par ses mains épiscopales, plus vides que lassées, quelques-uns de ses établissements les plus chers; mais, au diocèse entier, à son fondateur, à son chef, à la personne de l'évêque, sur les épaules duquel pèse le plus lourd du fardeau, encore une fois, plus rien, absolument rien !

Examinons cependant ces choses dans leurs détails intimes et tristement intéressants, pendant les trois dernières laborieuses années de son épiscopat; trop tôt nous assisterons à ce qui en achèvera, en consommera la déplorable fin.

6,500 fr. dépensés pour les prêtres auxiliaires.

C'est déjà, en effet, 3,500 fr. de réduction sur l'année précédente, pour un service aussi important et auquel il attachait justement tant de prix. Avec les intérêts capitalisés, il en devra plus tard 8,500.

7,000 fr. pour frais supplémentaires de l'évêché. C'est encore une économie de 2,500 fr. sur la dépense correspondante de l'année 1842, et, avec le secrétariat, 4,800 fr. de moins que son successeur ne recevra bientôt, annuellement, pour subvenir à des charges identiques. Au 31 décembre 1845, les intérêts capitalisés auront accru cette dette d'environ 2,000 fr.

12,500 fr. pour les séminaires, tout compris; par conséquent nouvelle réduction de 6,000 fr. sur un des plus indispensables services diocésains. Il est vrai que les directeurs actuels des deux maisons ecclésiastiques ne contribuent pas peu à obtenir cet heureux résultat, ainsi que l'augmentation, toujours trop modique, de 3,000 fr., ajoutée par l'État aux 3,000 fr. alloués déjà

par lui chaque année; la Propagation de la Foi en paye
9,000 fr.; l'évêque 3,500.

10,000 fr., dépenses ordinaires des orphelins; soit
2,000 fr. de diminution sur l'exercice antérieur, malgré
l'accroissement non interrompu de cette bien-aimée
famille; les nouveaux dépositaires de la sollicitude et
de l'autorité de l'évêque sur elle, qui en hériteront
même plus tard, alors que le Gouvernement leur viendra en aide, concourent à cette amélioration.

11,000 fr. pour une partie des constructions nécessitées par l'organisation complète de cet établissement en
1842, mais non encore payés, comme on le sait déjà;
le reste, confondu avec des constructions correspondantes, exigées par l'organisation corrélative du petit séminaire, s'élevait à une somme totale presque du même
chiffre; soit exactement 11,380 fr.

Voici l'abrégé de ces importants travaux : 1° aux orphelins, translation dans la maison séparée, dite des
Hôtes, au-dessus du canal des eaux de la ville; recons-
truction de la partie écroulée de cette maison; mise en
état de tout le reste; construction du dortoir de 25 lits,
au-dessus des longues anciennes écuries; mise en état,
carrelage, récrépissage, plafonnage de tout le bas;
création de l'asile des plus petits, avec les lits-berceaux
en fer, dans la grande écurie à colonnes et arcades,
nivelée, carrelée, plafonnée et récrépie.

Cette dépense considérable avait été ajournée pendant près de deux ans; mais elle était d'une urgence
telle, qu'il avait été impossible de la différer plus long-

temps ; le payement avait pu toutefois en être ajourné.

Il resta même certaines réparations à continuer ou à faire, soit au consulat, soit à la maison nouvelle du Bon Pasteur, et divers comptes d'ouvriers, de fournisseurs principaux, dont la valeur totale devait être acquittée sur le montant présumé de l'allocation de la Propagation de la Foi, pour l'année 1844, suivant les sages prévisions et les justes espérances de l'évêque, entièrement décidé à rendre désormais sa position moins anormale ; dès lors, elle semblait déjà ne plus l'être autant à tous égards, tandis que, peu à peu, il finissait par arriver lui-même au terme de ses fondations diocésaines les plus pressées.

Pour le surplus de celles que pourraient réclamer encore à l'avenir le complément de l'établissement du diocèse et son développement ultérieur, il comptait, avec autant de consolation que de sécurité anticipée, sur la Propagation de la Foi, sur le Gouvernement, enfin moins préoccupé des suites d'une guerre acharnée, et mieux avisé, si surtout ses engagements personnels étaient une fois honorés grâces à ses économies et à ce qu'il pourrait obtenir.... Que si, cependant, il eût été trompé par les événements, s'il n'eût pas été plus convenablement aidé, secouru, il n'eût pas continué ces périlleux développements, moins indispensables dans le fond ; il se fût contenté d'entretenir ce qu'il avait déjà pu parvenir à instituer pendant les premières années, manifestement les plus difficiles de toutes.

Ce que, deux ans à peine écoulés, ce même Gouvernement, cette même charitable Association feront, de concert et comme à l'envi, pour Mgr Pavy, sans que ce vénérable prélat ait pourtant rien à supporter des charges du passé de Mgr Dupuch, justifie et au-delà prévisions et espérances.

C'est ainsi, au surplus, qu'en 1843 ou à peu près, trois établissements de frères, à Oran, à Bône, à Philippeville (il y avait déjà depuis longtemps un frère instituteur établi sous ses auspices à Constantine), réalisèrent en partie un de ses vœux les plus ardents, sans lui être presque aucunement à charge;

C'est ainsi encore qu'en cette même année la fondation du monastère de la Trappe, de Notre-Dame de Staouéli, ne lui coûtait, d'autres sollicitudes exceptées, que certains objets nécessaires à l'exercice plus convenable du culte;

Ou bien qu'il fondait actuellement, à peu de frais, celui du Bon Pasteur et son double refuge;

Ou bien enfin qu'il naturalisait en Algérie l'admirable Société de Saint-François Régis, pour la réhabilitation des mariages et la légitimation des enfants naturels, à laquelle il abandonnait les faibles produits des dispenses du secrétariat de l'évêché, tandis que ses chères Ursulines de Ténez ne lui coûteront bientôt que des soins et des préoccupations d'un ordre tout à fait différent.

6,000 fr. dépensés pour la dernière année de l'existence de la maison de Sainte-Philomène, et la complète liquidation de cette œuvre; elle avait, en effet, accompli son but, sa mission préservatrice, et elle avait préparé, selon les prévisions de son fondateur, celle du Bon Pasteur, qui, à la Préservation proprement dite, ne tarda pas à joindre, dans des bâtiments aussi distincts que possible, le refuge des pénitentes et des pauvres filles repenties.

———

10,000 fr. pour le Bon Pasteur. Cet établissement, aujourd'hui si florissant à certains égards, et qui a déjà fait tant de bien, n'occasionna en tout qu'une quinzaine de mille francs de dépenses au diocèse, dont il est bien certainement l'une des plus précieuses fondations, économisant d'ailleurs ce que coûtait déjà, chaque année, l'institution de Sainte-Philomène.

En 1843, les 10,000 fr. nécessaires à l'installation, au mobilier, au linge, à diverses provisions, etc., furent supportés par la Propagation de la Foi, ainsi que la liquidation de la maison préparatoire.

Il est bien certain, au surplus, que, malgré tout ce qui lui en advint, si l'infortuné prélat, placé dans la même situation, avait à recommencer une fondation semblable, dans un pays pareil, dont la vie morale lui serait publiquement imposée, et à des conditions aussi avantageuses, en définitive, il n'hésiterait pas plus qu'il ne le fit alors; il y mettrait résolument encore sa main fatiguée, meurtrie, déjà défaillante, mais épiscopale toujours. Oh! non, il ne renierait pas davantage ses armoiries empourprées, teintes du sang des siens, pour les-

6

quels, à l'exemple du divin pélican du calvaire, il se devait aussi sacrifier : *Ità et nos.*

2,000 *francs aux églises, chapelles, presbytères.*

La différence considérable entre cette dépense, toujours nécessaire, mais réduite d'autant cette année, et celles qui lui correspondent dans chacun des comptes rendus précédents, n'atteste pas moins la constante préoccupation de Mgr Dupuch, qui, désormais, au lieu de faire venir à frais coûteux d'Europe la plupart des objets destinés aux églises, aux chapelles qui n'en étaient pas suffisamment pourvues, préférait se défaire peu à peu de ceux qu'il avait à son usage personnel, agissant de même à l'égard de ses coopérateurs, avec lesquels il partagea si souvent ses meubles : ainsi à Mascara, ainsi à Ténez, à Cherchell, à Constantine, trouveriez-vous encore aujourd'hui certains ornements d'origine et d'usage manifestement épiscopaux ; chasubles à deux fins, aubes, étole pastorale, etc.

Ainsi, en 1844, à l'occasion d'un oratoire projeté à Mazagran, où son acte d'extrême dévouement ne fut malheureusement qu'une occasion inutile de dépenses de plus pour lui, et, dans le vrai, n'ayant plus aucun argent à sa disposition (l'avant-veille il avait vidé sa bourse entre les mains de la trésorière de la Société de charité de Mascara), il donna son cheval ; mais un an plus tard, et sans que ce pauvre animal lui eût été

rendu, 600 fr. de son propre traitement lui furent re-
tenus pour frais de nourriture, d'entretien du cheval aux
frais de l'État pendant cette même année. A toutes ses
énergiques réclamations il ne fut répondu que par cette
fatale conclusion : *fait accompli.*

Il ne lui en coûta pas moins, toutefois, de 645 fr.
d'intérêts capitalisés, au bout de trois ans, pour cette
même somme de 2,000 fr.

3,000 francs aux indigènes; 3,500 en aumônes ordinaires.

Ces deux articles de miséricordieuses dépenses ne
purent souffrir encore de diminution sensible; ne devaient-ils pas, en effet, être les derniers qu'il consenti-
rait à réduire, le nombre des pauvres qui recouraient
constamment à lui étant à peu près toujours le même,
et son invariable résolution étant d'attirer surtout par
ces persuasives avances, les populations que la différence d'origine et de culte séparait davantage de son
ministère et de sa personne. On dit qu'il y avait plus
d'une fois réussi.

Comme à l'ordinaire en ceci, il prit les 3,000 fr. sur
les fonds de la Propagation de la Foi, c'était juste : cette
année il leur emprunta même le surplus, persuadé que
ce n'était pas davantage dénaturer de pareils secours.

3,086 fr. charges connues et inévitables du consulat;
en 1846, 1,000 fr. environ d'intérêts de plus;

2,000 fr. en distributions de pain; ce seront les dernières, et cette suppression, désormais trop prochaine, ne sera pas la moins douloureuse.

C'est ainsi que la dépense totale diocésaine de cette année, en sus de ce que le Gouvernement avait alloué à Mgr Dupuch, fut de 87,966 fr. La Propagation de la Foi avait fourni 65,386 fr., ce qui en réduisait le déficit à 22,086 fr.; et, avec la capitalisation des intérêts, à 29,206, en 1846.

D'un autre côté, un secours considérable, imprévu, don d'une main puissante et généreuse, allait permettre à l'évêque de solder en entier et au delà ce déficit, quand les deux graves événements déjà indiqués, et qu'il n'est sans doute pas nécessaire de rappeler autrement ici, ou d'expliquer davantage, vinrent au contraire en absorber la totalité.

Il s'agit, comme on ne l'a peut-être pas oublié, d'un de ses prêtres, de plusieurs même, arrachés par Mgr Dupuch à une position affreuse, et capable de compromettre d'une manière déplorable leur ministère en même temps que leur personne; le deuxième est un vol.

Ce fut aussi dans le cours de cette année, que de pieuses libéralités, à destinations indiquées, lui firent fonder ce qu'il appela, de douce souvenance: Notre-Dame de Verdelais, et son calvaire. Il voulait, avec le temps, y établir ses prêtres infirmes, y loger ceux qui ne seraient que fatigués ou convalescents; on eut même le projet d'y placer auparavant la maison de sevrage des enfants trouvés ou abandonnés, saints et gracieux projets presque aussitôt évanouis!

ANNÉE 1844.

———

Cette année, qui, sans le double événement du commencement et de la fin de la précédente, et si les secours annuels, auxquels il avait été accoutumé depuis
cinq ans, lui eussent été continués, eût pu, avec les sacrifices nouveaux qu'il était plus que jamais résolu de
faire, alléger de beaucoup la position de Mgr Dupuch,
lui devint, au contraire, plus fatale qu'aucune de celles
qui l'avaient devancée, malgré la modicité remarquable
de certaines de ses dépenses naguère beaucoup plus
considérables.

Tout à coup, en effet, sans qu'il eût été prévenu d'a-
vance ou à temps, du moins sans qu'il en eût connu
aucun avis quelconque; après avoir été bien plutôt con-
firmé, par certaines personnes se disant parfaitement in-
formées, dans la confiance, dans la conviction où il était
impossible qu'il ne fût pas, car il avait loyalement fait
connaître sa position tout entière, soit à Alger et à ces

mêmes personnes qui ne la savaient que trop déjà, soit ailleurs qu'à Alger; tout à coup donc, et diverses dépenses diocésaines, évaluées à 40,000 fr. environ, étant, ou consommées, ou devenues impossibles à réduire, à empêcher, il cessa de recevoir personnellement même une obole, de la Propagation de la Foi; et tout, absolument tout le fardeau retomba, pesa sur lui d'un poids insupportable.

Bien plus, ce fut alors que le gouvernement lui-même diminua de 2,200 fr. ce qu'il lui avait constamment assuré jusque là, sans lui en donner davantage aucun avis, sans qu'il le pût soupçonner...... Car, dans l'énergique oppression de son âme profondément émue en l'apprenant, il alla jusqu'à écrire au ministre de la guerre, que si c'était par des suppressions qu'il devait être répondu à ses demandes les plus sacrées, les plus logiquement motivées d'augmentations, il cesserait à l'avenir de rien solliciter, pour conserver au moins ce qu'il avait, quelque insuffisant que ce pût être.

Voici le résumé de ses dépenses réduites :

6,000 fr. dépensés pour les prêtres auxiliaires; le Gouvernement venait d'en supprimer un, il avait diminué de 400 fr. ce qui devait servir aux voyages, etc.; aussi, par le fait, ces 6,000 fr. ne représentent-ils plus que trois de ces coopérateurs exceptionnels et si utiles.

Ils furent suppléés d'ailleurs par certains autres ouvriers évangéliques, à qui la Propagation de la Foi donna de quoi subsister: car elle n'abandonna pas absolument le diocèse, tant s'en fallut; mais, en dehors de l'évêque et de toute communication directe avec lui, elle pouvait ne pas être aussi certaine du bon emploi de ses charitables libéralités : et que de besoins connus de lui seul, à son unique charge, elle ne soulagea plus! que d'erreurs même elle était exposée à commettre de la meilleure foi du monde!

9,000 fr. pour les séminaires. Le petit séminaire actuel expirait : il cessa d'exister à la fin de cette année, faute de ressources suffisantes. Mgr Dupuch, à qui tant il avait coûté, les avait dépensés, en comptant sur l'allocation de la Propagation de la Foi, qu'il ne reçut point quand fut venue l'époque ordinaire, ni jamais depuis.

8,050 fr. pour les orphelins, somme également avancée dans la certitude de cette attribution sacrée vainement attendue.

Mgr Dupuch, apprenant alors que le nouvel et si parfait directeur des orphelins recevrait, à l'avenir, soit de la Propagation de la Foi, qui le subventionna même en cette année, soit de l'administration coloniale, de quoi suffire désormais à leurs dépenses et à développer magnifiquement son œuvre chérie, la lui abandonna sans réserve.

Aussi bien, fidèle à sa tendre devise, il les avait comme repus de son sang, et les ruisseaux de ce sang paternel allaient cesser de couler de son sein épuisé.

Ah! pourquoi donc, pendant ces cinq premières années de la fondation et de l'existence de cet important établissement, pourquoi son fondateur aux abois ne reçut-il rien de cette même administration, devenue, si heureusement depuis, prévoyante, intelligente à ce point, d'une œuvre de cette nature?

3,365 fr. pour solde de tout ce qui pouvait être encore dû à l'occasion de ces pauvres enfants.

Mgr Dupuch laissait à Ben-Aknoun tout le mobilier de Tlemléli; il ne lui restait plus qu'à solder les restes de ces anciens comptes.

3,000 fr. dépensés pour le Bon Pasteur, récemment transféré de Forcinal à El-Biar.

C'est le prix de certaines fournitures, d'objets de chapelle, d'une portion des loyers, etc.

1,200 fr. aux indigènes.

3,500 fr. en aumônes diverses.

Il pouvait bien, en effet, ne pas être secouru personnellement; mais il n'était pas en son pouvoir ou de se dérober aux poursuites de ceux qui souffraient, qui avaient faim, ou de ne pas exaucer, au moins de temps en temps, les plus opiniâtres de leurs supplications; fallût-il même leur donner, comme il lui arriva dans certains jours de plus tendre commisération, ce qui lui restait à peine pour la subsistance des habitants de son palais, où désormais d'autres larmes que celles des étrangers ne cesseront guère plus de ruisseler sur ces dalles de marbre ou sur la laine de ces riches tapis, qu'il ne lui est pas possible de convertir eux aussi en pain.

2,500 fr. dépensés pour églises, chapelles, presbytères.

En 1844 et 1845, un projet dont les résultats l'avaient
séduit, mais qui ne put être que commencé à peine, occasionna de sa part, pour cette année et la suivante, la
totalité des frais de ce genre, sans compter d'autres dépenses pour lesquelles l'aidèrent quelques-uns de ceux
dont il avait imploré l'assistance.

———

3,086 fr., charges obligées du consulat; avec les intérêts, en 1846, elles lui coûteront 3,548 fr. Tout n'est-
il pas, cette année, sous le coup de ces intérêts plus
durs, plus impitoyables que jamais?

14,878 fr. en derniers payements d'ouvrages de toute
sorte, ou retardés, ou incomplètement acquittés dans le
passé.

La position critique de Mgr Dupuch étant désormais
bien connue, tous se présentaient, réclamaient à la fois;
il ne lui était plus libre de leur faire attendre, espérer
un avenir qu'il n'osait plus espérer lui-même, quoique
le cœur de l'homme perde rarement tout espoir, même
au fond de ses plus effroyables abîmes de douleurs.

6,000 fr. consacrés aux frais supplémentaires de
l'évêché.

Il entreprit alors, en effet, la visite la plus complète
qu'il eût jamais faite de son immense diocèse, depuis
les rivages de Tabarka jusqu'aux flots de la Tafna, de

la Calle à Sétif, de Sétif aux limites des Angads, et à Tlemcen.

Il voulait d'abord se rendre le compte le plus exact possible, de l'état de toutes choses dans chacune des localités qui composaient ce diocèse étrange, à nul autre comparable dans son pays, et qu'il avait fondé avec tant de difficultés; soit afin d'essayer, s'il n'était pas tout à fait impossible de réussir par elle, d'une démarche solennelle et décisive; soit afin de le bénir une dernière fois, de l'arroser de ses dernières sueurs, de ses dernières larmes, si, comme il ne le pressentait que trop, le jour devait bientôt venir où il faudrait s'en arracher sans retour. Il voulait aussi répondre aux instances de quelques-uns de ses bien-aimées coopérateurs, dont la position peu comprise réclamait sa présence pastorale.

Quelques jours auparavant, ce pressentiment douloureux lui avait dicté les termes déchirants d'un projet de démission, qu'il adressa à la Propagation de la Foi, en même temps que son état de situation, et qu'il la conjurait de faire parvenir au Pape Grégoire XVI, entre les mains sacrées duquel il déclarait renoncer au siége épiscopal qu'il en avait reçu.

Elle crut devoir le lui renvoyer, quoiqu'elle n'exauçât pas les désespérées supplications dont il était accompagné. Vraiment, il le regretta plus d'une fois depuis: il n'aurait pas autant souffert; plus de bien se serait opéré sous son apostolique successeur; et il ne serait peut-être pas aussi difficile encore de réparer les conséquences, manifestement impossibles à éviter pour lui, de cette prolongation d'un pareil épiscopat.

« Donc, je suis devenu semblable à un homme for-
» cément engagé dans une voie qui lui a été imposée,
» et qui a la certitude qu'il s'y trouve un abîme dans le-
» quel il est impossible qu'il ne soit pas englouti; sera-
» ce demain? sera-ce le jour suivant, ou plus tard? Il
» n'en sait rien, nul ne peut le lui dire; mais tous sa-
» vent à merveille qu'il n'y peut plus échapper quoi qu'il
» fasse; il prie, fait le signe de la croix, baisse résolu-
» ment la tête, les implore encore une fois, et conti-
» nue... Puisqu'il le faut, je fais mon signe de croix. »
(Expressions de Mgr Dupuch, écrivant alors au Conseil de la Propagation de la Foi.)

La dépense diocésaine de cette année 1844, s'élevait ainsi à la somme totale de 60,571 fr.

Elle eût été même plus considérable, si Mgr Dupuch n'avait pu rendre moins onéreuse une portion notable de certains engagements anciens, en soldant les comptes les plus ruineux des intérêts qui en avaient été la con-séquence. Il le fit, au moyen de sacrifices personnels des plus pénibles; au moyen d'une somme de 15,000 fr· qui lui fut payée par la Société de charité, en retour de la jouissance par lui concédée aux orphelines, pour un laps de temps convenu, du beau local du consulat de Da-nemarck et de toutes ses dépendances.

Il vendit aussi, à cette même époque et dans ce même

but, ses terrains de Bône, à des conditions peu avantageuses d'ailleurs, et deux autres de ses propriétés d'une importance secondaire.

Deux ans après, cette somme de 60,571 fr. avait atteint le chiffre de 70,000 fr. environ, à cause de ces désespérants intérêts capitalisés.

Si, comme dans chacune des années précédentes, il eût reçu les secours ordinaires que n'avait cessé jusqu'alors de lui allouer la Propagation de la Foi, nul doute que les dépenses de 1844 n'eussent été couvertes et au delà. En 1843, elle lui avait donné plus de 65,000 fr.; en 1844, zéro.

ANNÉE 1845.

C'est la dernière année, non des angoisses, des embarras de toute sorte qui assiégeaient nuit et jour le premier évêque d'Alger (ne durent-ils pas toujours?) mais bien de son laborieux épiscopat, puisque, s'il ne se retira pas encore de la lutte devenue trop inégale, il donna du moins sa démission, déjà plusieurs fois inutilement offerte ou projetée, et elle fut définitivement acceptée à Paris, avant que le douzième mois ne s'en fût écoulé tout entier.

A Rome, on ne la trouva point d'abord assez régulièrement donnée, cette démission douloureuse; et quelques semaines après, il n'hésita pas à la renouveler dans les termes désirés.

Vers le commencement de janvier, il rentrait cependant de son immense tournée pastorale; et, muni d'une foule de détails personnels, de renseignements non trompeurs, il se décidait à tenter, non sans quelque courage peut-être, une démarche suprême, soit auprès du Gouverneur général, soit auprès du Roi lui-même, en son conseil.

Rien n'est tristement curieux et émouvant à l'égal de ce| rapport au Roi en son conseil, qui fut imprimé afin qu'il n'y eût d'incertitude, d'inexactitude sur aucune de ses courageuses expressions et des faits qui en composaient le tissu. Sa franchise, son énergie, sa complète exposition de toutes choses, étaient de nature à faire faire, par qui de droit, les plus graves, les plus décisives réflexions; et, encore aujourd'hui, il n'est pas possible, dit-on, de le lire avec quelque attention sans en être vivement impressionné.

Mgr Dupuch s'était persuadé, et il n'était certes pas seul à le croire, que ce loyal et consciencieux exposé de sa situation, la ferait enfin cesser entièrement; tandis que, par le fait, elle se devait consommer... Était-il possible de ne pas croire à la solennelle véracité de faits aussi nettement déduits et attestés; et pour qui, dans son âme et sa conscience, y ajouterait une foi pleine et entière, et pourrait en même temps lui venir puissamment en aide, n'était-il pas impossible, ce semblait, qu'il n'en obtînt, quoique tardivement, secours et protection.

Toutefois, à peine si deux ou trois des plus éminents personnages auxquels il avait dû en donner communication officielle, lui accusèrent purement et simplement réception de ces précieux documents et des lettres, dignes de cette démarche, qui l'avaient accompagnée.

Quant aux résultats, attendus avec confiance, ils fu-

rent nuls, absolument nuls; on ne lui restitua même pas
le quatrième de ses prêtres auxiliaires, ni les misérables
400 fr. de la diminution qu'on lui avait fait subir naguère sur l'allocation, manifestement insuffisante, qu'il
recevait annuellement.

Aussi, fut-il forcé de supprimer lui-même tous secours
de prêtres auxiliaires non rétribués par ailleurs, pour
le secrétariat excepté, dont les frais avaient dû successivement s'augmenter. Il n'est plus question, en effet,
dans ces redditions de compte, d'auxiliaires quelconques,
à dater du mois de janvier 1845.

4,500 fr. dépensés pour les frais supplémentaires de
l'évêché.

Ils sont de plus en plus réduits; et, sans les voyages
entrepris de nouveau du côté de l'ouest, dans le cours
de cette même année, sans certaines avances faites pour
voyages correspondants d'autres que lui, à Paris même,
sans l'impossibilité de supprimer, de retrancher tout à
fait une portion notable de dépenses d'intérieur en particulier, il est probable qu'ils n'eussent pas excédé son
traitement; la veille cependant, il faut bien le redire, la
veille du jour où celui de son successeur, au lieu de
15 à 16,000 fr., s'élèverait à 26,800, le secrétariat reconnu de l'évêché y compris.

2,500 fr. dépensés en frais de loyers et divers autres
pour le Bon Pasteur, que nul alors, lui seul excepté, ne
songeait guère à secourir, et dont la pauvreté, la mi-

sère plutôt, lui brisait le cœur, toutes les fois qu'il le
visitait; or, c'était souvent, car il avait été lui-même
obligé de s'en faire l'aumônier, le confesseur, plus que
l'évêque, si une semblable expression pouvait être per-
mise.

500 fr. en secours aux indigènes.
1,500 fr. en aumônes diverses.
Douloureuses réductions entre toutes, que celles-là !
plus de distributions de pain, comme chaque année depuis son arrivée; par conséquent, davantage encore de
misères à soulager, n'y eût-il eu que celles du Fon-
douck, en septembre et octobre !

2,500 fr. en objets d'église, complément d'un achat
hors ligne de l'année précédente, nécessité par l'arrivée
en Algérie d'insignes reliques d'anciens héros de l'Afrique
chrétienne, et l'attente, palpitante alors, d'un nombre
bien plus considérable.

1,100 fr. valeur du cheval donné pour la chapelle de
Mazagran, et frais de sa nourriture pendant un an, dont
on fit retomber la charge sur Mgr Dupuch aux abois.

12,500 fr. en essai de fondation nouvelle d'un petit
séminaire.
Quelque désolée que fût cette situation du premier
évêque d'Alger, et malgré la prévision cruelle de ce qui
lui semblait déjà presque impossible à éviter, comme il
n'avait pas encore désespéré cependant de recevoir, de

la part du gouvernement, une réponse moins défavorable que toutes les précédentes, après avoir fait un nouvel appel au clergé de son diocèse, il tenta résolument de ressusciter son petit séminaire.

Mais, il n'avait plus de local dont il pût disposer, depuis les arrangements, mêlés d'embarras, relatifs au consulat de Danemarck; le mobilier ancien était resté confondu avec celui des orphelins; il fallait chercher, trouver un personnel nouveau; bref, la maison qu'il loua près de Ben-Aknoun, lui coûtant déjà 4,500 fr. environ de location, le mobilier et le reste lui revinrent aussi cher que cela, sans aucun résultat pour son église, qui n'avait pu répondre à son invitation, dans l'état où elle se trouvait elle-même.

Quant au grand séminaire, au contraire, l'allocation des 6,000 fr., le zèle des Lazaristes, les bonnes dispositions de leurs chers élèves, le consolaient de plus en plus; et, pourtant, il ne croit pas avoir dépensé pour eux, en cette même année et jusqu'à son départ, plus de 1,500 à 2,000 fr., compris dans le total de ce chapitre.

Ainsi, pour 1845, en joignant à ce qui précède les 3,080 fr. destinés à l'extinction des charges du consulat, la dépense diocésaine totale, en dehors de ce que le gouvernement avait alloué à Mgr Dupuch, ne se monta qu'à 28,180 fr.

Quant au budjet correspondant des six premiers mois de 1846, il consiste à peine, les 1,543 fr. des charges du consulat exceptés, en 3 ou 400 fr. d'aumônes (parce

que ne pas en faire du tout ne cessa pas un instant d'être impossible) et quelques centaines de francs dépensés à Sidi-Ferruch, afin d'y poursuivre et d'assurer autant qu'il se pourrait, d'intéressantes découvertes chrétiennes; mais sa croix, sa chaîne d'or, etc., pourvurent et suffirent à ces suprêmes restes de tant d'efforts désormais évanouis.

Toutefois, la coupe n'était pas assez remplie encore; la mesure n'était point comble, et il est temps de terminer ces longs, ces palpitants détails, par ce qui amena enfin la solennelle démarche de sa démission, le 9 décembre 1845.

Vers le milieu de l'été, le rigoureux silence gardé par le gouvernement envers Mgr Dupuch, malgré le mémoire au Roi en son conseil; la persistance, qu'il ne prétendit jamais blâmer, parce qu'elle dut être la suite, le résultat de communications qui lui sont demeurées étrangères jusqu'à ce jour, la persistance de l'association pour la Propagation de la Foi, à ne plus lui allouer personnellement une obole depuis deux ans et plus; les rigueurs impatientes dont commençaient à le menacer, dans leurs intérêts qui leur paraissaient décidément compromis, certains de ses créanciers; la difficulté chaque jour plus menaçante à son tour, de trouver de quoi satisfaire à des engagements forcés, ou plutôt à les renouveler, même d'une façon plus ruineuse encore; le désir de rendre un service signalé à une institution que ses incessants rapports avec elle lui avaient appris davantage à bien connaître, et, par conséquent, à chérir.... toutes ces graves circonstances réunies, jointes à des conseils dont il aurait dû peut-être se défier (mais est-ce que celui qui se noie dans les tourbillons d'un abîme, ou celui qui se voit précipiter du haut d'un édifice dont il sent la base s'ébranler, peut bien discerner la main qui se tend vers lui, et qu'il saisit convulsivement dans cette espèce de vertige?) toutes ces circonstances, qu'il est inutile d'ailleurs d'essayer de faire apprécier ici de nouveau, lui firent faire le coup hardi et suprême qu'il tenta, beaucoup moins imprudemment néanmoins que plusieurs le purent soupçonner.

Donc, on lui proposa d'acheter à un prix élevé, mais pour lequel on lui offrait en même temps comme un mirage de facilités de payement, une vaste construction, et environ 12,000 mètres de terrains arrosés par des eaux magnifiques, et situés le long des vieux remparts d'Alger à Babazoun.

Il n'était pas difficile alors de prévoir, ce qui allait bien réellement arriver, qu'avant peu ces inutiles fortifications seraient démolies, et qu'ainsi ces terrains, placés dans l'intérieur de la nouvelle enceinte déjà plus qu'à moitié bâtie, ne tarderaient pas à acquérir une valeur de beaucoup supérieure.

En l'achetant, Mgr Dupuch croyait pouvoir disposer des constructions, des fontaines et des jardins, en faveur du Bon Pasteur, dont la maison n'était encore que louée à Elbiar; le surplus devait servir à l'acquittement entier du prix d'achat, et lui laissait, au minimum de ce que valaient en ce temps-là les terrains à bâtir dans la ville même, un providentiel bénéfice, à l'aide duquel il pourrait peut-être conjurer une catastrophe prochaine; il avait trouvé en effet déjà, sur le seul bruit de son projet d'acquisition, des offres avantageuses, et que, par délicatesse, il refusa d'accepter.

65,000 fr. empruntés par lui, le crédit consenti par le notaire pour les frais, ses bienveillantes avances, etc. le mirent, en conséquence et sans plus de retard, en possession de cet immeuble considérable : il était composé de diverses parcelles non litigieuses de la part d'aucun particulier, à l'exception d'une seule, pour la jouissance de laquelle il fut obligé de souscrire 5,000 fr. d'engagements de plus. Avec le temps, il devait avoir encore 100,000 fr. à solder, et, en sus, les intérêts dits légaux en Algérie; mais, la propriété devait aussi répondre de tout et au delà.

Peu de jours après, cependant, il apprit que la société du Bon Pasteur, conseillée et aidée par la maison-mère d'Angers, avait acquis de son côté l'établissement d'El-Biar.

Il avouerait volontiers qu'il fut tenté d'en bénir, d'en remercier le ciel, parce que le lendemain un spéculateur honnête, et sur lequel il devait compter, lui offrait de devenir propriétaire à sa place, et des terrains et des constructions, au prix de 265,000 fr.

Une seule difficulté semblait devoir devenir un obstacle et un péril : les vendeurs de Mgr Dupuch. en lui remettant certains titres de concession, et d'autres d'acquisitions faites par eux, n'avaient pas stipulé qu'ils s'en rendaient et demeureraient responsables, et déjà on murmurait autour de lui que l'administration du domaine public pourrait bien avoir certaines reprises à exercer, ou du moins certaines prétentions à élever sur la propriété de la plus grande portion de ces terrains. La maison avait été heureusement bâtie sur une concession faite par l'État au vendeur principal, maître cordonnier du régiment des zouaves.

Que faire dans cette perplexité nouvelle? Il ne le sait pas aujourd'hui; mais il raconte naïvement ce qu'il fit alors.

Il avait emprunté ce qu'il avait payé au sieur Roman et Cⁱᵉ, il avait même engagé le peu qui pouvait lui rester en France; il s'efforça donc d'abord de rassurer ceux qui lui avaient prêté, et de ménager le plus possible son acquéreur futur.

Puis, il rédigea sur tout ceci un mémoire consciencieux, le communiqua en haut lieu, soit à Alger, soit en France, le confia secrètement à l'un de ses vicaires généraux, et dépêcha celui-ci en mission spéciale auprès d'un puissant et bienveillant ministre, dans le cœur duquel il épanchait en même temps tout ce qui débordait du sien.

Le voyage du mandataire de Mgr Dupuch sembla décisif; trois fois, en effet, il lui fut répondu par écrit, ou répété de vive voix au retour : « que le gouvernement » ne savait pas s'il avait ou non quelques droits sur les » immeubles de Bab-Azoun; mais que, quand bien même » il serait à toute force possible de soulever et d'établir

» de semblables prétentions, il en faisait d'avance re-
» nonciation complète, absolue, en faveur de l'évêque
» d'Alger, dont il appréciait la douloureuse position. »

Le ministre ajoutait même, qu'il lui conseillait d'en
tirer tout le parti possible.

Bien plus (mais l'infortuné prélat n'apprit ceci que trop
tard), il avait dit au vicaire général : qu'à la condition
pure et simple d'une démission de Mgr Dupuch, qu'il
croyait utile et préférable, toutes ces tristes affaires seraient convenablement terminées, et un avenir paisible
assuré à cet ouvrier si horriblement fatigué, à ce vétéran
blessé, à ce nautonier encore tout ruisselant des flots
amers qui avaient fracassé sa barque engagée dans de
périlleux récifs.

Ah! pourquoi, au mois de janvier précédent, avait-il
déchiré l'acte de cette démission dont il avait joint la
touchante formule à son rapport au Roi, et qu'il avait
transcrite à la fin, parmi les ardeurs de la double fièvre
qui dévorait son corps et son cœur, à bord du *Phare?*

De son côté, un homme justement estimé, chéri de
tous en Algérie, et alors même investi de grands pouvoirs dans la colonie, s'il eût été complètement libre de
les exercer à sa guise, je le nommerai par reconnaissance, le directeur des affaires civiles en Algérie, M.
Blondel, écrivait à Mgr Dupuch, sur ce même sujet, en
réponse à son attendrissante communication : « Mais
» cette renonciation, dans le cas où, en effet, l'État croi-
» rait avoir des droits quelconques à faire valoir sur ces
» immeubles; mais cette renonciation ou cette conces-

» sion, comme on voudra l'appeler, est pour lui un de-
» voir rigoureux de justice, de gratitude, d'honneur, de
» religion et de charité. » Ces expressions de M. Blondel
sont plutôt ici affaiblies qu'exagérées; il finissait en disant que Mgr Dupuch avait été mal inspiré de s'adresser
auparavant à *tel* personnage.

Fut-ce à cause du changement de ministère, qui ne
tarda pas à suivre le retour de l'envoyé de l'évêque;
fut-ce par suite du départ, trop prochain aussi, du directeur des affaires civiles; fut-ce par je ne sais quelle
préoccupation, *caritas non cogitat malum,* de certain em-
ployé moins élevé; fut-ce par toutes ces causes réunies?
Mais il n'est que trop vrai que le lendemain, le jour
même de la signature de l'acte par l'acquéreur parfaitement rassuré, il intervint une opposition de l'administration du domaine, qui empêcha le payement commencé, déconcerta les créanciers, les prêteurs de Mgr
Dupuch, et qui détermina celui-ci, après qu'il eut acquis
la conviction qu'on ne ratifierait point, à Paris, les premières promesses sur lesquelles il avait aveuglément
compté, c'est-à-dire qu'aucune concession ne lui serait
faite, à se démettre officiellement de son siége ainsi
transformé en buisson d'épines plus aiguës les unes que
les autres.

Il avait voulu d'abord, un instant, en poser de graves
et saintes conditions au personnage distingué à tous
égards (il est aujourd'hui vice-président de la Républi-
que française), entre les mains duquel il la déposa sans
plus balancer; mais, sur de consolantes et délicates pa-

roles de celui—ci, il y avait non moins instantanément renoncé.

Plus tard, alors que l'évêque démissionnaire d'Alger, abreuvé d'amers chagrins de toute nature, qu'on lui refusa d'ensevelir avec lui dans la solitude sacrée de Staouéli, déclarait que, quoiqu'il lui en pût advenir, il ne quitterait décidément pas le sol de l'Algérie sans cette même concession ou tous autres désespérés secours, des promesses nouvelles lui furent encore faites à cet égard; ne furent-elles pas même réitérées peu après à son successeur vénéré? Hélas! ce n'est que l'année dernière, en 1849, que le ministère de la guerre se désista enfin de ses fatales prétentions sur une portion seulement des terrains, en offrant un échange pour le surplus.

C'était trop tard sous une foule de rapports; ainsi, les terrains avaient immensément perdu de leur valeur réelle en Algérie, depuis ces quatre années. Fatigués d'attendre la réalisation de ces promesses, les créanciers avaient fait mettre en adjudication cette propriété, devenue plus que douteuse, de certaine qu'elle était d'abord; eux-mêmes ou les leurs s'en rendaient acquéreurs à des prix extrêmement réduits; et, aujourd'hui, Mgr Dupuch regarde comme un bonheur de n'avoir pas à perdre au-delà des 65,000 fr. par lui comptés à ses vendeurs il y a cinq ans et plus.

Cependant, cette somme, dont l'origine vient d'être expliquée, est représentée, dans sa presque totalité, par la créance de l'ancien notaire, pour les frais, et pa les 63,000 fr. reconnus dus par lui à M Passeron, pour le surplus.

Mais, ce dernier, après toute sorte de tristes démarches ou débats, s'est rendu adjudicataire du consulat de Danemarck, demeuré la propriété de l'ancien évêque d'Alger, pour le prix de 170,000 fr. Malheureusement il n'a pu le payer, et il est en ce moment même à Paris, s'efforçant de le faire acquérir par le Gouvernement, ne fût-ce qu'à titre d'échange, pour un service public auquel d'ailleurs il serait merveilleusement approprié.

Puisse M. Passeron y réussir enfin !

Toujours est-il manifeste que, sans cette incompréhensible opération d'un agent de l'État, et, par suite, de l'État lui-même, en octobre ou novembre 1845, Mgr Dupuch aurait pu, soit avec les 100,000 fr. de profit qu'il eût infailliblement retiré de la propriété Roman (l'acte en était passé), soit avec le prix de vente de l'ancien consulat de Danemarck, et même sans être exceptionnellement secouru, suffire à l'extinction de la presque totalité des charges sous le poids desquelles on le laissa ; bien plus, sans le vouloir assurément, on le fit forcément et inévitablement succomber à cette époque.

Qui ne serait même convaincu, désormais, qu'à l'aide du changement survenu dans les mesures prises, en 1846, par le Gouvernement au sujet des immenses besoins financiers du diocèse d'Alger, non-seulement son premier évêque eût pu, presque immédiatement, être au-dessus de toute inquiétude de ce genre, mais qu'il en développerait encore aujourd'hui la fondation sacrée avec plus de résolution que jamais, et non peut-être sans quelques-uns des succès de son apostolique héritier?

Il ne murmure certes pas de ce que la Providence n'a sans doute permis que pour le plus vrai bonheur de son âme; mais il n'en élève que plus haut ses supplications et ses consciencieuses réclamations.

———

Et, maintenant, récapitulons en chiffres l'état de situation de chacune de ces sept années de l'épiscopat de Mgr Dupuch; additionnons ces déficits partiels, déduisons-en ce qu'il put acquitter, aux frais de la Propagation de la Foi, de ces dépenses suffisamment connues et justifiées jusque dans leurs moindres détails, et quant à leur opportunité, à leur indispensable nécessité, et quant à leur modération.

L'énorme surcharge des intérêts ayant déjà pu être acquittée par d'autres voies, en partie indiquées ci-dessus, ne devra, par conséquent, y revenir que pour mémoire. Voici en abrégé :

RÉCAPITULATION ANNÉE PAR ANNÉE.

N° 1. — ANNÉE 1839.

7,000ᶠ dépensés pour la nourriture et l'entretien des prêtres auxiliaires.

6,000 dépensés pour subvenir aux frais dits supplémentaires de l'évêché.

20,500 dépensés pour fondation de deux maisons ecclésiastiques.

19,510 dépensés pour fondation de deux maisons d'orphelins.

2,000 dépensés en distributions régulières de pain.

3,000 dépensés en secours de toute sorte aux indigènes.

2,000 dépensés en aumônes diverses, avances, secours.

5,500 dépensés pour les églises, chapelles, presbytères.

_____

65,510ᶠ

Part de la Prop. de la Foi.	Part de Mgr Dupuch.
20,500ᶠ pr les séminaires.	7,000ᶠ prêtres auxiliaires.
10,833 pr les orphelins.	6,000 frais supplémentᵣₑˢ.
2,000 en pain.	8,677 pour les orphelins.
3,000 aux indigènes.	2,000 en aumônes.
5,500 aux églises.	
_____	_____
41,833ᶠ	23,677

21,000ᶠ d'intérêts capitalisés en 1846.

41,833ᶠ
23,677
_____

Total..... 65,510ᶠ

N° 2. — ANNEE 1840

8,000^f pour les prêtres auxiliaires.
6,500   en frais supplémentaires.
20,614 pour les deux séminaires.
12,000 pour les orphelins.
10,000 pour les églises.
 2,000 en distributions de pain.
 3,000 en secours aux indigènes.
 3,000 en aumônes diverses.
12,586 Consulat au compte des séminaires.

77,700^f

Propagation de la Foi.	*Mgr Dupuch.*
20,614^f p^r les séminaires.	8,000^f prêtres auxiliaires.
12,000 p^r les orphelins.	6,500 frais supplément^{res}.
10,000 p^r les églises.	3,000 aumônes diverses.
2,000 en pain.	8,000 consulat-séminaires
3,000 aux indigènes.	4,586 *idem idem.*
47,614^f	30,086^f

24,000^f environ
d'intérêts capita-
lisés en 1846.

47,614^f
30,086

TOTAL..... 77,700^f

N° 3.   ANNÉE 1841.

9,000^f	prêtres auxiliaires.
12,000	achat de leur maison.
8,000	frais supplémentaires.
19,000	séminaires.
10,000	orphelins.
18,086	consulat-séminaires.
2,000	pain.
4,000	aux indigènes.
3,000	aumônes diverses
8,000	fondation de la Préservation.
10,833	aux églises.

103,919^f

Propagation de la Foi.

19,000^f séminaires.
15,000 consulat *idem.*
7,000 préservation.
2,000 pain.
4,000 aux indigènes.
2,833 aux églises.

49,833^f

Mgr Dupuch.

9,000^f prêtres auxiliaires
12,000 achat de l^r maison
8,000 frais supplément^{res}.
10,000 orphelins.
3,000 aumônes diverses.
8,000 églises.
1,000 préservation.
3,086 consulat-séminaire

54,086^f

32,000^f environ
d'intérêts capita-
lisés en 1848.

49,833^f
54,086

TOTAL.... 103,919^f

Nº 4. — ANNÉE 1842.

10,000^f prêtres auxiliaires.
9,500 frais supplémentaires.
16,550 séminaires.
12,000 orphelins.
7,000 préservation.
18,000 établissements de frères et de sœurs.
2,000 en pain.
2,000 aux indigènes.
4,000 en aumônes diverses.
10,000 aux églises.
10,000 en cloches.
15,000 solde des constructions E. D.
3,086 consulat–séminaires.

——————

119,136^f

Propagation de la Foi.	*Mgr Dupuch.*
1,550^f séminaires.	10,000^f prêtres auxiliaires.
12,000 orphelins.	9,500 frais supplément^{res}.
7,000 préservation.	15,000 séminaires.
2,000 pain.	12,000 aux frères et sœurs.
2,000 aux indigènes.	4,000 aumônes.
6,000 aux frères et sœurs	10,000 aux églises.
15,000 solde des constructions.	
	10,000 en cloches.
	3,086 consulat-séminai^{res}.
———	———
45,550^f	73,586^f

29,000^f environ
d'intérêts capita-
lisés en 1846.

45,550^f
73,586
——————
TOTAL..... 119,136^f

N° 5. — ANNÉE 1843.

6,500ᶠ prêtres auxiliaires.
7,000 frais supplémentaires.
12 500 pour les séminaires.
32,380 orphelins, constructions.
6,000 préservation.
10,000 fondation des repenties.
2,000 aux églises.
3,000 aux indigènes.
3,500 aumônes diverses.
2,000 en pain.
3,086 consulat-séminaires.

87,966ᶠ

Propagation de la Foi. *Mgr Dupuch.*

9,000ᶠ séminaires.	6,500ᶠ prêtres auxiliaires.
21,000 orphelins.	7,000 frais supplément[res].
11,380 *idem* séminaires.	3,500 séminaires.
6,000 préservation.	3,086 consulat-*idem*.
10,000 repenties.	2,000 aux églises.
2,000 pain.	
3,000 aux indigènes.	
3,500 en aumônes diverses.	

65,880ᶠ   22,086ᶠ

de 7 à 8,000ᶠ d'in-
térêts capitalisés.

65,880ᶠ
22,086

Total..... 87,966ᶠ

N° 6. — ANNÉE 1844.

9,000ᶠ séminaires.
6,000 prêtres auxiliaires.
6,000 frais supplémentaires.
11,115 orphelins.
3,000 préservées, repenties.
1,200 aux indigènes.
3,500 aumônes diverses.
2,500 aux églises.
3,086 consulat-séminaires.
14,870 derniers payements de constructions et ouvrages.
─────
60,571ᶠ

de 9 à 10,000 fr. d'intérêts capitalisés.

─────

N° 7. { ANNÉE 1845.
{ *six premiers mois de 1846.*

4,500ᶠ frais supplémentaires.
2,500 préservées et repenties.
600 secours aux indigènes.
1,500 aumônes diverses.
2,500 aux églises.
1,100 *idem*, chapelle de Mazagran.
12,500 séminaires.
3,086 consulat-*idem*.
300 aumônes en 1846.
300 aux églises.
1,543 consulat.
─────
30,329ᶠ

Total pour sept ans et demi.

Nᵒˢ		
1.	65,510ᶠ
2.	77,700
3.	103,919
4.	119,136
5.	87,966
6.	60,571
7.	30,329

545,131ᶠ

Part de la Propagation de la Foi.... 250,710ᶠ
Part de Mgr Dupuch................. 294,421

545,131ᶠ

Les intérêts capitalisés des sommes successivement et forcément empruntées par Mgr Dupuch, pendant ces sept ans et demi, s'étaient élevés, en sus, à environ 125,000 fr.

Soit : en	1839...	22,000ᶠ
en	1840...	24,000
en	1841...	32,000
en	1842...	29,000
en	1843...	de 7 à 8,000
en	1844...	de 9 à 10,000

125,000ᶠ environ.

Il pourvut à leur solde 1° au moyen de la revente de certaines propriétés; 2° d'une avance à lui faite en retour de la jouissance temporaire du consulat; 3° de ce que la commission de 1846 paya pour lui sur le montant des souscriptions ou offrandes du Pape et des évê-

8

ques ; 4° du produit de ce qui lui pouvait rester en France, et de quelques dons.

Ainsi, les intérêts capitalisés de 1839 et de 1840 furent soldés par la commission ;

Ceux de 1841, par la vente de ce qu'il possédait ;

Ceux de 1842, 1843, 1844, par les reventes, avances et dons.

Il avait, en outre, dépensé, pendant ces mêmes sept ans et demi :

1° 12,000 fr. pour l'échange des prisonniers ; ils lui furent remboursés ;

2° 18,000 fr. pour le monument d'Hippone et les terrains de Bône ;

3° 12,000 fr. pour Notre-Dame de Verdelais ;

4° 16,000 fr. pour sauver plusieurs de ses prêtres ;

Toutes dépenses couvertes par des offrandes correspondantes.

Enfin, 14,000 fr., ainsi précédemment parvenus entre ses mains, lui furent soustraits frauduleusement.

Il doit donc aujourd'hui environ 295,000 francs, suivant la liste justifiée de tous ses créanciers connus, et en portant au chiffre bien peu probable de 25,000 fr. le montant des créances encore inconnues.

Ses réclamations ne s'élèvent par conséquent, et au plus, qu'à cette même somme de 295,000 fr., desquels il faudrait défalquer les 36,000 f. réservés et déposés au

Trésor public depuis plusieurs années, et dont il sollicite, soit la restitution, soit l'emploi spécial auquel ils avaient été attribués pour ses créanciers et pour lui, en 1846.

Ainsi, avec 260,000 fr. environ, il serait facile d'arriver à cette trop tardive et complète liquidation.

Les créances Passeron et Roman ne doivent figurer ici que pour mémoire; il n'y aurait même rien de surprenant, si l'une d'entre elles offrait quelques ressources de plus.

Mgr Dupuch divise comme suit, le chiffre et l'objet de chacune de ses réclamations, si profondément consciencieuses :

1º 58,500ᶠ pour ses prêtres auxiliaires.
2º 47,500 pour ses frais supplémentaires.
3º 69,559 pour ses séminaires.
4º 44,962 pour ses orphelins.
5º 36,400 donnés aux églises.
6º 18,500 dépensés pour frères et sœurs.
7º 19,000 de ses aumônes les plus sacrées.

294,421ᶠ soit 295,000ᶠ

CONCLUSION.

———

Ainsi, d'après ces notes irréfragables, c'est bien une somme ronde de 545,000 fr., soit plus d'un demi-million, sans même y comprendre certaines fondations à part, lesquelles ne furent pourtant point dénuées d'utilité pour la colonie de la France en Algérie, tous intérêts et autres frais de négociations ruineuses autant qu'inévitables, payés et liquidés d'ailleurs, que Mgr Ant. Dupuch, premier et ancien évêque d'Alger, dépensa, pour la fondation de son diocèse, en sus de ce qu'il avait reçu du Gouvernement français, et, par conséquent, sans que celui-ci y eût en rien contribué.

Cette somme, de l'emploi détaillé de laquelle il vient d'être rendu compte ci-dessus, ne profita point personnellement à Mgr Dupuch, puisque, parti pauvre pour aller accomplir la mission difficile qui lui avait été imposée, au moment où il y pensait le moins, par les pouvoirs publics de son pays, mission qu'il ne lui fut pas loisible de décliner, plus pauvre encore il en revint.

Manifestement, au contraire, elle profita et elle profite aujourd'hui même à la religion en Algérie, au bien

public de la colonie, et, par une conséquence rigoureuse, à la France elle-même et à son gouvernement.

Grâce cependant à un secours providentiel, celui des
allocations successives de l'Association pour la Propagation de la Foi, dont la totalité s'éleva jusqu'à 250,710 fr.,
Mgr Dupuch put acquitter, pendant ce laborieux épiscopat, pour une valeur correspondante de ces dépenses
déjà ci-avant complètement justifiées.

Et, maintenant, pour le surplus, est-il convenable,
est-il éqnitable, est-il digne du Gouvernement national
d'un pays comme la France, de le laisser plus longtemps,
jusqu'à sa mort, gémir sous le poids qui l'écrase encore?
L'agonie morale de l'infortuné prélat ne dure-t-elle pas
depuis d'assez longues années déjà?

Mais, une dernière fois, que représentent donc par
le fait ces 295,000 fr., du montant desquels il est demeuré redevable vis-à-vis d'une foule de personnes
qui crurent à sa mission, et, par suite, à ceux qui, en
la lui imposant, ne pouvaient pas avoir voulu la lui rendre impossible à remplir?

Ils représentent, en définitive, ce que voici :

1° 47,500ᶠ dépensés pour les frais supplémentaires de l'évêché.
2° 58,500 dépensés pour les prêtres auxiliaires.
3° 69,559 dépensés pour ses deux maisons ecclésiastiques.
4° 44,962 dépensés pour les orphelins et les orphelines.
5° 36,400 dépensés pour les églises et les presbytères.
6° 18,500 dépensés pour des frères et sœurs.
7° 19,000 dépensés en aumônes de toute sorte.

294,421ᶠ soit la somme ronde de 295,000ᶠ.

Or, qu'a pensé, dans le vrai, au moment de la retraite forcée de Mgr Dupuch, le Gouvernement lui-même, de chacune de ces dépenses? qu'a-t-il fait, que fait-il encore tous les jours à ce sujet, en Algérie?

Il est bon de le rappeler brièvement ici de nouveau, et de comparer en chiffres et faits :

Donc, 1° au lieu de 15,000 fr. qu'il allouait à Mgr Dupuch pour frais et dépenses de l'évêché proprement dit, il en alloue 26,800, chaque année, à son successeur; soit, pour sept ans et demi, 88,500 fr. de différence au moins.

Sans doute, et il a parfaitement raison en ceci, le Gouvernement juge cette allocation actuelle de 26,800 fr. par an vraiment nécessaire, indispensable aux dépenses d'un pareil évêché, sinon il ne l'aurait assurément point élevée à ce chiffre, il ne l'accorderait point..... Mais, par une conséquence non moins inexorable, il doit reconnaître, il reconnaît par là, il déclare que la précédente, qui ne se montait qu'à 15,000 fr., était bien loin d'y pouvoir suffire.

Bien plus, toutes choses mûrement pesées et examinées, il ne serait peut-être pas difficile de démontrer que, s'il y eût dû avoir une balance plus favorable à l'une des deux administrations épiscopales qu'à l'autre, elle eût penché du côté de celle du premier évêque d'Alger, soit à cause de certaines circonstances assez connues désormais et inséparables d'une telle fondation, soit à cause de la cherté de toutes choses dans la colonie du temps de celle-ci.

Cependant, par le fait, au lieu de ce chiffre de 88,500 fr., ce que Mgr Dupuch dépensa pour ces mêmes frais, et qu'il doit encore, ne s'éleva qu'à 47,500 fr.

S'il eût été traité, sous ce rapport, comme celui qui lui a succédé n'a cessé de l'être par le Gouvernement, non-seulement il ne devrait pas ces 47,500 fr., non-seulement il ne les eût jamais dûs; mais encore il en eût conservé près de 40,000 à sa disposition.

2° Au lieu de 7,200 fr. que l'État allouait à Mgr Dupuch pour ses prêtres auxiliaires, pendant cinq ans, et de 5,400 fr. seulement pendant les dernières années de son épiscopat, il donne, il alloue aujourd'hui annuellement au nouvel évêque d'Alger, 24,600 fr. en traitements fixes et indemnités de logement, pour ce même service exceptionnel.

Ce qui fait que si, sous ce nouveau rapport, le premier évêque eût été traité par le Gouvernement comme son successeur n'a pas cessé de l'être, ce ne serait point 49,500 fr. qu'il en eût reçu pendant toute la durée de son administration, mais bien 172,200; d'où il résulte clairement que, loin de devoir encore ces 49,500 fr., il en aurait eu environ 65,000 d'économie entre les mains, au moment où il donna sa démission. Mais, dans de telles conditions, est-ce qu'il l'eût donnée?

A l'époque où Mgr Dupuch fondait son diocèse, ce secours exceptionnel de prêtres auxiliaires ne lui était pas assurément moins nécessaire qu'il n'a pu le devenir depuis à son successeur pour continuer ce qu'il avait ainsi commencé; et même, à bien dire, est-ce qu'il n'aurait pas dû sembler moins indispensable, alors que le nombre des autres ouvriers évangéliques était devenu davantage en harmonie avec leur commun travail, dans le diocèse d'Alger?

Certes, si le Gouvernement n'avait pas été, n'était pas, en ce moment même, profondément convaincu de l'opportunité, de la nécessité d'une semblable dépense, il n'en ferait point ainsi les frais considérables; sa conduite, parfaitement juste et convenable d'ailleurs, et à laquelle tous applaudissent, justifie donc, en l'expliquant de plus en plus, celle du prélat infortuné qui fut si différemment traité par lui.

Mgr Dupuch ne s'en plaint pas; mais, ce qu'il doit encore à cause uniquement de cette énorme différence, ce qu'elle l'obligea d'emprunter et qu'il ne dépensa en réalité que parce qu'il y fut ainsi contraint, il le réclame en vain depuis cinq ans et plus.

3° Aujourd'hui, le Gouvernement alloue chaque année à l'évêque actuel d'Alger, une somme de 52,000 fr. pour ses deux établissements ecclésiastiques; soit 15,000 fr. pour le petit séminaire, et le reste pour le grand, y compris les honoraires des directeurs.

Il est vrai que leur situation est incomparablement plus florissante que ne l'était naguère celle des deux institutions correspondantes fondées par Mgr Dupuch sous ces mêmes titres.

Mais il faut ajouter que ce dernier ne recevait rien, absolument rien pour son petit séminaire; et que, pour le grand, il ne reçut, en sept ans et demi, qu'une trentaine de mille francs; soit 3,000 fr. chaque année, de

1839 à 1843, et 6,000 fr. en 1843, 1844 et 1845, sans compter une partie du traitement des directeurs pendant ces trois dernières années, et un secours, une fois donné en 1842, pour établissements mixtes; ce secours était d'ailleurs peu considérable.

Si Mgr Dupuch, faut-il le répéter, eût été, en ceci comme en tout ce qui précède et suivra, traité par le Gouvernement à l'égal de son successeur, il eût donc reçu pendant son épiscopat et pour ces mêmes établissements, environ 300,000 fr. *de plus* qu'il ne lui fut réellement accordé, tout compris.

Or, ce n'est qu'une somme de moins de 60,000 fr. qu'il réclame en tout pour ce chapitre fondamental de ses dépenses; et il ne les réclame ainsi, avec cette insistance, que par ce qu'il les doit lui-même à ceux qui lui vinrent en aide pour leur fondation.

Le gouvernement a reconnu manifestement l'importance, l'urgence des secours nécessités par des œuvres pareilles. Il a convenablement agi, à cet égard, envers le vénérable successeur de Mgr Dupuch, quoique les charges sacrées de celui-ci ne retombassent pas sur lui. Mais ce n'est pas assez; et, pour le passé, il ne peut pas laisser indéfiniment cette somme, uniquement employée dans cet objet, peser sur la vie de l'ancien évêque d'Alger, trop peu secouru, dans ces difficiles commencements, il en faut bien convenir, quels que puissent en avoir été d'ailleurs les motifs.

Fondateur d'un diocèse, il devait pourvoir au présent et préparer l'avenir; il n'y pouvait suffire qu'en créant ces deux établissements; on lui imposait cette fondation,

on le secourait même dans leur création, mais pas suffisamment; il s'y est sacrifié; il ne lui reste plus rien;
il doit une partie de ce qu'ils lui coûtèrent; cette partie
n'est guère que le *sixième* de ce que l'Etat accorde *en
plus* à son successeur; la conclusion n'est elle pas toute
déduite?

4° 44,962 fr. pour les orphelins et les orphelines; tel
est le quatrième et non moins légitime objet des réclamations de Mgr Dupuch.

Ces deux fondations des orphelins et des orphelines
sont aujourd'hui dans la situation la plus prospère; quatre
ou cinq cents de ces pauvres enfants leur doivent, depuis le commencement, leur existence et plus que cette
existence même... Car, que serait-elle pour eux et pour
la société, sans l'excellente éducation qu'ils y reçoivent
et qui est si complètement accommodée d'ailleurs à leur
condition et aux besoins de la colonie?

Dès sa fondation, le gouvernement, grâce aux dames
de charité, n'a pas cessé de protéger, de secourir l'œuvre des pauvres filles orphelines; mais c'est à Mgr Dupuch qu'en fut due la première idée, et son heureuse
réalisation lui coûta ce qu'on sait déjà.

Quant aux pauvres garçons orphelins, non-seulement
ce fut Mgr Dupuch qui en fonda personnellement l'œuvre
sacrée à tant de titres, mais, pendant cinq années en-
tières, seul, il dut suffire à toutes les exigences, à
toutes les dépenses et nécessités de cette institution,
digne émule par ses succès de sa sœur aînée.

« Je vous remercie, M. le Chanoine, de ne m'avoir

» pas oublié pour la manifestation en faveur de notre
» pieux et charitable fondateur.

« Personne n'a vu de plus près que moi cette inépui-
» sable bonté, et ma reconnaissance est bien heureuse
» aujourd'hui de pouvoir se produire par un juste témoi-
» gnage. »

C'est ainsi que s'exprimait, en adressant à M. l'abbé
Montera son adhésion énergique, M. l'abbé Brumauld
(connu de tous en Algérie, et du gouvernement très particulièrement), directeur du magnifique établissement
des pauvres orphelins de Ben-Aknoun, et de sa succursale du camp d'Erlon.

Mgr Dupuch n'a-t-il pas le droit, d'après cela, de
réclamer au moins une partie de ce qu'il dépensa réellement à leur occasion, ce qu'il doit encore pour la fondation coûteuse de ces deux mêmes institutions, dont il
est impossible de ne pas reconnaître l'immense portée
dans un semblable pays, surtout en des circonstances
pareilles à celles de l'époque où elles furent créées par
lui? Moins que personne, ceux qui président aux intérêts de la colonie et de la France, ne sauraient mécon-
naître les services qu'elles n'ont cessé de rendre à l'hu-
manité, à la colonisation de l'Algérie, puisque, depuis
le départ de Mgr Dupuch, en particulier, ils ont tant
fait pour elles.

Il est évident que si, dès 1839, ils eussent agi de
la sorte, toutes justes proportions gardées d'ailleurs,
l'ancien évêque d'Alger n'eût pas contracté de pareils
engagements pour ces mêmes œuvres, et, par conséquent, il n'en serait pas responsable aujourd'hui.

Sa réclamation à ce sujet est juste, aussi modérée que possible ; elle lui est arrachée par sa conscience ; tous la trouvent telle, et s'unissent à ses instances : elle ne saurait être toujours inexorablement refusée.

5° Depuis le départ de Mgr Dupuch, et pour chaque fondation d'église, pour chaque érection de paroisse nouvelle, l'administration alloue un premier fonds de 1,400 fr. pour frais et dépenses de première installation.

C'est bien, c'est convenable, c'est juste ; mais, sous son épiscopat et pour semblables besoins, dont l'urgence est ainsi officiellement constatée par le Gouvernement lui-même, rien d'équivalant, rien de fixe n'était attribué.

En 1844, pour la fondation de la paroisse St-Léon, de Ténez, après cinq années d'administration épiscopale, on ne consentit à lui payer que 500 fr. pour loyers d'une église, d'un presbytère, ameublement, vases sacrés, ornements, frais du culte, pour le curé, etc.

Avec ces secours, à peine suffisants pourtant, l'ancien évêque d'Alger n'eût eu à peu près aucune charge personnelle à supporter, et aujourd'hui il ne réclamerait pas le remboursement, disons mieux, la restitution d'une partie de ce qu'il fut dans la nécessité de dépenser pour les églises, chapelles et presbytères fondés, érigés sous ses auspices.

Si on persistait à lui refuser ces 36,400 fr., ne serait-il pas sérieusement en droit de parcourir l'Algérie humiliée, et de reprendre, partout où il les trouverait, servant encore aux mêmes sacrés usages, les différents

objets, ornements, vases saints, autels, tableaux, cloches, linge, effets mobiliers quelconques, par lui placés, à ses frais, dans ces diverses localités? Ne serait-
il pas en droit d'exiger le remplacement de ceux qui
manqueraient, et les loyers du service des autres?

En les revendant en France, il acquitterait, il solde-
rait au moins une partie de ce qu'ils lui coûtèrent, il
désintéresserait un certain nombre de ceux à qui lui-
même en doit le prix.

Mais alors, le Gouvernement ne serait-il pas induit,
à son tour, en des frais considérables? Il lui en coûte-
rait certainement plus que cette somme pour opérer sans
délai leur indispensable remplacement.

6° Les sœurs, les frères, dont les précieuses institutions furent importées dans le diocèse d'Alger pendant
que Mgr Dupuch s'efforçait de le fonder ainsi le moins
incomplètement qu'il lui était possible, sont reconnus
et secourus par le Gouvernement.

Quels services ne rendent-ils pas, en effet, comme à
l'envi, à l'Algérie? De quels inappréciables résultats leur
fondation n'y fut-elle pas accompagnée dès le commencement? Mais, pour la plupart du moins, ils n'y fussent
point venus alors, ils ne s'y fussent pas ainsi établis et
comme naturalisés, sans ces premiers secours paternels,
sans ces autres sacrifices de leur évêque.

Ce qu'une sage administration fait pour eux, aux applaudissements de tous; ce qu'elle continue si largement,
quoique d'une façon à peine suffisante pourtant sous certains rapports, justifie donc et au-delà cette dépense,

si modérée d'ailleurs, que Mgr Dupuch ne put s'empêcher de faire lui-même dans les commencements, et
alors que bien certainement on ne les aidait point encore assez.

La réclamation de Mgr Dupuch, à ce sujet, n'est, en
effet, que de ces 18,500 fr.

7° 19,000 fr., soit une portion seulement de ce que
lui coûtèrent ces inévitables aumônes, conséquence sacrée, impossible à décliner, de la position officielle qui
lui avait été faite, et qu'on avait oublié, ou que trop on
tarda de rendre supportable à un évêque d'Alger.

Aujourd'hui, Mgr Dupuch en est réduit à solliciter pour
lui-même, annuellement, un secours personnel, pas
même assuré au-delà de chaque année, pour vivre dans
l'humble solitude où il est enseveli... Qu'on le lui retire,
plutôt que de laisser sans honneur les engagements qu'il
contracta pour les plus pauvres des colons de l'Algérie.
Il demandera, s'il le faut, l'aumône à son tour; mais
que, par pitié, par décence, si ce n'est par une sorte
de justice et de reconnaissance, on ne laisse plus peser
sur lui, de tout leur poids, de semblables dettes, des
dettes de pain, de vêtements, elles et leurs suites rigoureuses.

Ah! si, au moment où il devait le moins s'y attendre,
il fut empêché d'honorer non-seulement ses derniers
engagements, mais encore tous ceux du même genre
qu'il avait contractés depuis le premier jour de son épiscopat, en voyant lui échapper une propriété qu'il avait
achetée et sur laquelle l'État éleva de fatales préten-

tions, que désormais ils le soient enfin, ne fût-ce qu'au moyen d'une concession correspondante!

Quelque favorisé qu'il ait été ainsi avec tant de raison jusqu'à ce jour, en comparaison de son infortuné prédécesseur, par une bienveillante administration, non moins prudente en ceci, l'évêque actuel d'Alger déclare formellement que c'est à grand peine qu'il peut continuer à supporter le fardeau d'un tel épiscopat, et suffire, le moins incomplètement possible, à sa noble mais tant laborieuse tâche.

Et, cependant, en sus de tout ce qu'il n'a cessé de recevoir de cette même administration, il a proportionnellement reçu bien davantage encore que Mgr Dupuch, de la part de la Propagatien de la Foi, dont les sacrifices manquèrent à celui-ci dans le moment le plus critique, et alors qu'ils lui étaient devenus, par le fait, plus nécessaires que jamais.

Elle ne l'aida, en effet, personnellement, que pendant cinq ans seulement, d'une manière digne, il est vrai, de la reconnaissance de tous et du Gouvernement lui même; mais ce qu'elle fit ainsi, ne saurait, ce semble, dispenser ceux qui le peuvent, à qui tant d'efforts profitèrent uniquement et profitent encore, non de rendre à Mgr Dupuch tout ce qu'il a dépensé durant son épiscopat, dans le seul but de cette incontestable utilité publique, mais d'achever de l'exonérer de dettes et de charges qu'il ne pourra jamais acquitter sans cela, dans l'état de dénuement personnel absolu, d'indigence émouvante où il est tombé par suite de ces efforts inouïs. Hélas! combien d'autres que lui, en France, en Algérie surtout,

ont souffert et souffrent encore de ces mêmes engagements, méconnus et sans honneur depuis si longtemps!

D'ailleurs, ce n'est pas même 295,000 fr. qu'il réclame au fond avec instances désolées, mais plutôt
259,000 fr. seulement, puisque, depuis près de cinq
ans, il y a au Trésor et à la disposition du Gouvernement, une somme de 36,000 fr., attribuée, en 1846,
à Mgr Dupuch, avec cette destination sacrée.

Ah! ce n'est point seulement le clergé tout entier de
l'Algérie, du Diocèse qui salue en Mgr Dupuch son premier fondateur, et l'épiscopat français qui unissent ici
leurs vœux, leurs supplications, leurs plus énergiques
réclamations, dans ce but aussi noble que saint et tou-
chant... En Algérie, il ne s'y trouverait pas un colon,
un indigène même, si on lui expliquait cette démarche,
faite dans des circonstances aussi exceptionnelles à tous
égards, non, en vérité, il ne s'en trouverait pas un seul
qu ne s'y associât avec autant d'empressement que de
conviction et de légitime espérance d'être exaucé.

N'est-ce pas, suivant l'énergique expression du successeur de Mgr Dupuch, redite par tous les évêques de
France, n'est-ce pas « **une démarche, une demande**
» **également fondée sur la justice et sur la recon-**
» **naissance?** »

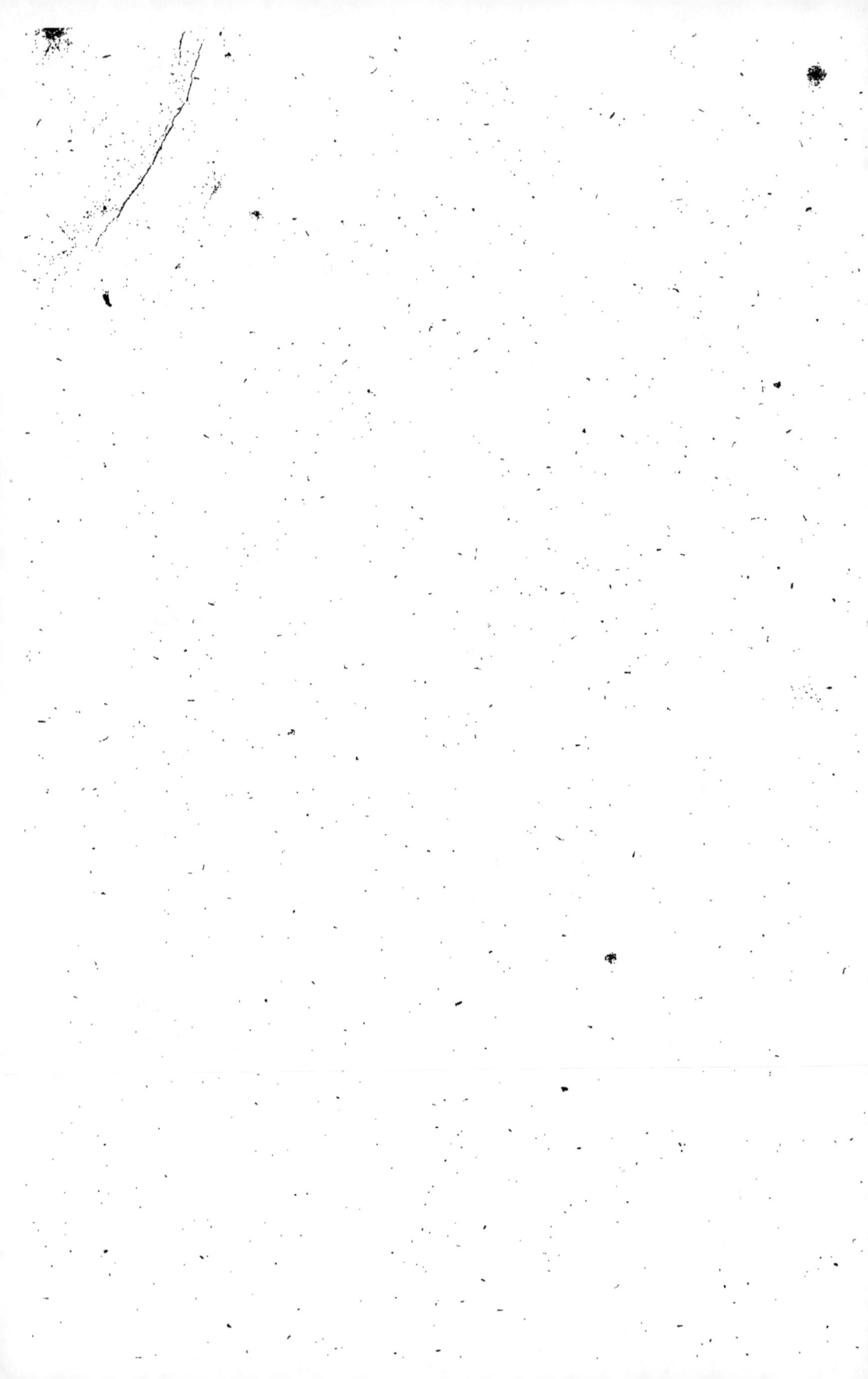

www.ingramcontent.com/pod-product-compliance
Lightning Source LLC
Chambersburg PA
CBHW060148100426
42744CB00007B/944